岭南乡土
历史文化纵横

平地印记

佛山市南海区大沥镇平地社区居民委员会 编

华南理工大学出版社
SOUTH CHINA UNIVERSITY OF TECHNOLOGY PRESS
·广州·

图书在版编目（CIP）数据

平地印记／佛山市南海区大沥镇平地社区居民委员会编．—广州：华南理工大学出版社，2021.1
（岭南乡土历史文化纵横）
ISBN 978-7-5623-6619-5

Ⅰ．①平…　Ⅱ．①佛…　Ⅲ．①村史－南海区　②平地村　Ⅳ．①K296.55

中国版本图书馆CIP数据核字（2021）第009825号

Pingdi Yinji
平地印记
佛山市南海区大沥镇平地社区居民委员会　编

出 版 人：卢家明
出版发行：华南理工大学出版社
（广州五山华南理工大学17号楼，邮编510640）
http://www.scutpress.com.cn　E-mail: scutc13@scut.edu.cn
营销部电话：020-87113487　87111048（传真）
策划编辑：蔡亚兰　黄华超
责任编辑：黄华超　蔡亚兰　陈　超
责任校对：陈小芳
印 刷 者：广州市新怡印务股份有限公司
开　　本：787mm×1092mm　1/16　**印张：**19.25　**字数：**216千
版　　次：2021年1月第1版　2021年1月第1次印刷
定　　价：138.00元

岭南乡土历史文化纵横
编委会

《平地印记》
编委会

序言

平地，我的家乡。

平地，是我心底永远的印记。我生于斯，长于斯。我在平地小学度过了最快乐的童年时光；尊敬的老师和亲密的伙伴见证过我少年时代的梦想；阡陌田畴、弯弯河涌曾留下我青春岁月充满激情而又迷惘的身影。一间间祠堂、庙宇是我根与魂之所在，一个个生动鲜活的故事，是我人生路上的丰厚滋养。

平地，是我心里最深的牵挂。我1972年到香港打拼，闯荡于繁华热闹的国际大都市。月明之夜，故乡古朴的村落、熟悉的亲人、难忘的经历，时常涌上心头。每逢清明，我都被藏于心底的乡音所呼唤，受一股神奇的力量所牵引，前去参加香港“楼上祠堂”的春祭，与叔伯兄弟一起祭拜祖先，思乡之情慢慢酿成一坛醇厚的酒。

平地，是我情感最温暖的地方。改革开放的春潮，推着我经常往返粤港两地。每一次回乡，平地人的亲切、敦厚和友爱，以及勤劳拼搏的精神品质让我感动和自豪。我1992年回乡办厂，缘由只有一个：我忘不了平地，我爱这片土地。

人生兜兜转转，不管我身处何方，无论我出色还是平凡，我永远是一个“平地仔”。

今天，翻阅《平地印记》厚厚的书稿，一股浓郁的乡情扑面而来，那一个个熟悉的片段、一张张亲切的面孔呈现眼前，令我怦然心动、不忍释卷。

平溪流芳，地涌莲花。在800多年的历史长河里，平地人杰地灵，留下了大量的人文历史，满载古韵今风。此书一方面叙述了平地漫长的历史沿革，另一方面记录了斑驳的岁月痕迹；既有丰饶的物产，又有独特的民情；不仅彰显了历代俊贤的风采，而且颂扬了守望相助的温情。那丰富多彩的图片及绘画，再现了当年场景，让人倍感亲切、深刻难忘。

春华秋实，硕果满枝。《平地印记》以其真实、质朴、清新、亲切的样貌即将问世，它的出版是家乡平地、港澳台乡亲和海外侨胞的一件大事。这朵“平地之花”，将勾起人们对往事的回忆，触动心灵最深之处；它对凝聚亲情、乡情，形成崇德向善、见贤思齐的良好氛围起到巨大的推动作用，更将对优秀历史文化的薪火相传产生深远的影响。

踏石留印，天道酬勤。《平地印记》不愧是呕心沥血的情怀之作。值此之际，谨向心诚志坚、精益求精，做出历史性贡献的编撰人员致以崇高的敬意！并衷心感谢社会各界人士的辛勤付出！

唯愿家乡繁荣昌盛，百姓和乐安康！

是为序，致祝福！

旅港南海平地黄氏同乡会会长 黄智基

2020年10月

前言

平地是广东省佛山市南海区大沥镇的一个行政社区，位于大沥镇中部。广佛公路自东往西横贯平地辖区南部，北有雅瑶水道连通珠江，东有桥头涌贯通盐步河汇入佛山水道；地处珠江三角洲冲积平原，气候温和，地势平坦，土壤肥沃，物产丰饶；面积2.67平方千米，常住人口2万多人，2019年平地村组两级集体纯收入约1.2亿元。

平地自南宋淳熙十三年（1186）开村，经过800多年的历史沉淀，底蕴深厚，是岭南地区典型的人文古村落。清代为南海神安司平地堡，辖平地、林合、学正、黄边、冯边、道头、华村、泗沥、麦边、江心、岐州、瑶珍、上白泥、关边、邵边、周边、东瑶、西瑶、东塘、小桥共20个自然村。民

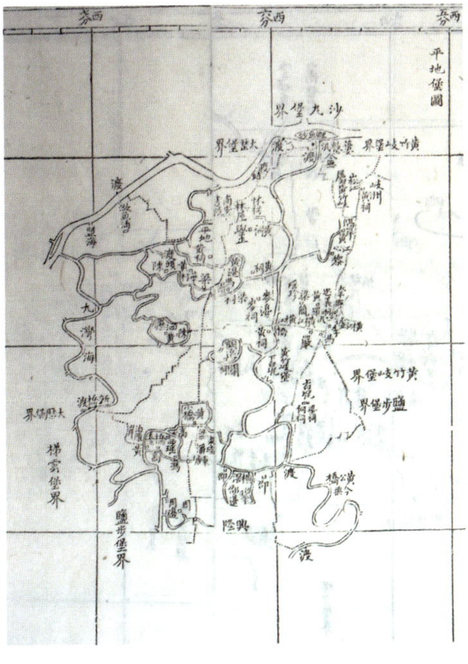

清代平地堡地图（摘自《平地村志》）

2005 年，平地村委会办公楼

国初期仍沿清制，1927 年属南海九区，1928 年改为平地堡乡，1930 年平地堡乡析置为平地七约乡、邵边六约乡和关边七约乡，1936 年复并为平地乡。

1950 年 3 月，平地乡人民政府成立，属南海三区，归盐步管辖。乡政府设在现大沥镇联安社区东塘村新厅，辖东约、新基、义基、华村、平地、道头、泗沥、黄边、麦边、邵边、关边、小桥、东塘、西瑶、周边共 15 个自然村。1950 年 5 月，以广佛公路为界划出南面的邵边、关边、小桥、东塘、西瑶、周边共 6 个自然村成立联安乡，平地乡政府迁至平地中心村黄氏大宗祠办公。1958 年盐步人民公社成立，平地乡政府称为平地大队。1983 年 9 月 13 日再成立平地乡人民政府，1987 年 3 月改为平地村民委员会。1989 年改为平地管理区办事处，1994 年 1 月办事处撤出黄氏大宗祠，迁到平地大道 208 号临时办公。1997 年 6 月改称平地管理区，1999 年 5 月复称平地村民委员会，1999 年 6 月平地村委会迁到平安路 3 号新址办公。2005 年 1 月起隶属佛山市南海区大沥镇，2011 年 3 月，平地村委会改为平地社区居委会。

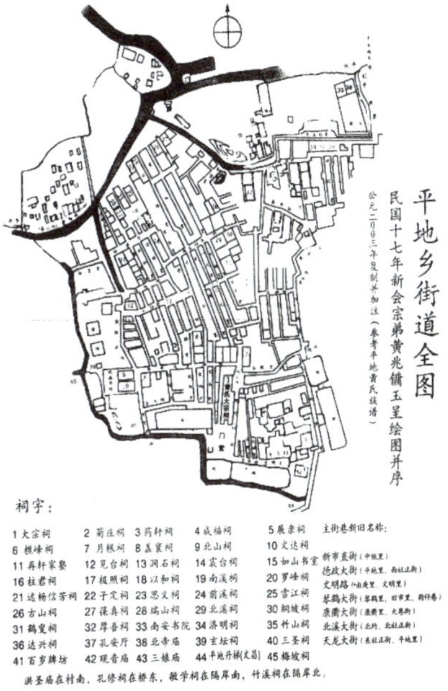

平地乡街道全图（黄兆镛绘于1928年）

岁月流转，世事变迁，平地的行政隶属和区划也不断变更调整。随着1992年9月南海县撤县设市、2002年12月南海市改为南海区，平地的行政名称也随之变动，但不变的是平地人与时俱进、奋发进取的精神。

平地村建历史悠久，清末民初已形成布局合理、井然有序的乡村格局。当时有祠堂、庙宇、文昌塔、旗杆夹石、牌坊、镬耳屋、蚝壳墙、护村炮楼，以及刻着坊里名称的街巷门楼等众多具有岭南文化特色的古建筑、古构件。平地中心村曾有古宗祠38座、旗杆夹石20多座、古庙宇5间、文昌塔2座、奉圣旨建造的百岁牌坊1座，以及用生铁铸造的古炮6尊和护村炮楼多座。学正村曾有古宗祠16座、旗杆夹石多座，还有文昌塔、魁星楼、北帝庙、百岁牌坊、贞节牌坊和独具特色的文化长廊。黄边、冯边、华村、道头、泗沥、麦边等村分别建有其族系之宗祠、庙宇和社学等，均具各历史时期之特色。上述古建筑、古构件大部分都在“大跃进”运动及“文化大革命”期间被拆毁或破坏，仅有少数被保存了下来。

从田畴阡陌的农耕文明一路走来，平地凭借区位优越和

平地农耕图

交通便利，经过改革开放40多年的工业化和城市化建设，经济实力不断提升，社会事业协调发展，老百姓安居乐业。迈入新时代，平地正全面实施乡村振兴战略，加快城乡融合进程，努力建设富裕、文明、美丽的新家园。

20世纪20年代，小朋友在平地中心村黄氏大宗祠门口石狮上玩耍

20世纪80年代初，村民在广佛公路平地路段

目录

目　录

岭南乡土

历史文化纵横

第一篇　根深底蕴厚　人文古村落

在中国的乡村社会，人们缅怀祖先美德功业、传承忠孝节义是乡土文化的一个重要特征。它对慎终追远、敦亲睦邻、构建公序良俗具有十分重要的作用。

1 开基花千树　福泽远流长

走进平地中心村黄氏大宗祠，中堂前的一对楹联赫然入目、耐人寻味：

祖籍溯龙游，九百载积厚流光，到此里居成四社

孙谋诒燕翼，卅二传支分衍派，至今谱牒纪三房

短短几十字的对联，精准概括了平地黄氏一族对始祖的追忆及迁徙繁衍历程。将近900年的发展史，传至第32代，瓜瓞绵绵，人才辈出，平地黄氏不愧为南海望族。翻开《南海平地黄氏族谱》，一幅源远流长的黄氏画卷徐徐展现眼前。

北宋崇宁五年（1106），平地黄氏始祖适中，字

德政，号庄台，于今浙江衢州龙游县出生。南宋绍兴十八年（1148），黄适中登进士第，随即授官，任江西南安知军（类似于明清时的知府）。其在南安任职期间，"心存抚字，政尚宽平，及卒，吏民流涕感泣，如失慈父母"。可谓为官一任，造福一方，深得当地百姓赞颂，为后世族人的榜样。

黄适中与原配江氏育有一子名九畴。江氏随任数月后病逝，黄适中续娶广东韶关南雄珠玑巷水井头村彭氏为妻，婚后生一子名九韶。

黄九韶刚满 4 岁，黄适中不幸逝世。长子黄九畴欲扶柩送父回原籍浙江龙游安葬，却遇南安兵乱，遂将父与母合葬于江西大余金莲山，只身回老家生活。

彭氏携幼子黄九韶离开南安回娘家南雄珠玑巷居住。外祖父彭公无后嗣，黄九韶承继外祖父所有家业。他年长后娶李氏，生二子，长子名孚（即黄敬轩），次子名受（即黄则惠）。

黄九韶勤工笃学，适逢大考，到广州赴科应试，得博士衔。其携友郊游名胜，偶游至南海平地，见地势平坦、土地肥沃，气候温和、河涌环绕，适合农耕、宜于居住，遂于南宋淳熙十三年（1186）奉母携妻带着两个儿子，以及家眷书童等来到平地，用父亲遗俸与外祖父家产变卖所得购置田地六十余顷，在平地开村定居，繁衍生息。

自二世祖寒江钓叟公黄九韶在平地开基后，历代黄氏族人辛勤耕耘、仁德传家。《南海平地黄氏族谱》专设“恩荣谱·选举”一章，记载黄氏自一世至二十六世祖先考取功名者共有 41 人。另还记录了黄氏获封赠、节孝的祖先之名讳，诚可谓“祖上多荣光”。

“修身、齐家、治国、平天下”这一儒家的核心思想，影响着一代又一代的黄氏族人，他们敬宗修族、崇文尚学，始终忠实践行这一信条，其中杰出者是平地当之无愧的乡贤。

三世敬轩公，建义学以植人才，积义仓以防饥馑，使“凶岁无虞”。五世云侣公，重修布始堂，鼎建安定祠及福地堂，让黄氏族人有了“睦族敬宗”的会所。布始堂就是宋代黄氏族人的宗祠，安定祠则演变成后来的安定社学和南安书院，为平地文教之所。六世文聚公，宋宝祐四年（1256）登进士第（文天祥亦

20世纪20年代的平地中心村黄氏大宗祠

登此榜），任户部主政，为编纂平地黄氏族谱第一人。

十三世古山公，订立乡规以平息争讼，为增加祖尝（为筹集祭祀祖宗所需费用而留出的公田）出谋划策，遇上荒年还开仓赈济，“罄其所有殊无吝啬”。十七世浴日公，见当时盗贼充斥乡间，便倡议并捐资设立团勇，以保一方安宁。清雍正四年（1726），平地周边遭遇旱灾，蝗虫为患，十九世瑞传公慷慨解囊，挺身散赈，让灾民免于饥饿，其善举被远近乡邻称赞，南海县知事亦对此嘉许，平地黄氏“宗族荣焉”。

廿二世诚之公，年轻时在粤西贺县（今广西贺州）经商，于当地倡议购置义地以安葬亡故他乡的南海籍人士，并组织团练以抵御贼寇。回到平地后，其被举荐为乡正。他主持倡设乐善社，重建北溪祠、桐坡祠，倡修沙步路，重建观音庙、青云阁，倡建展亲祠，与兄少波公创设仁寿社，并修族谱。清光绪十年（1884），他被当地三堡推举为值理，主持重修太平乡祠。其后，他又因德高望重被举为乡饮大宾。

廿三世近仁公，更是近代平地黄氏乡贤的杰出代表。清末民初，平地附近盗贼猖獗，其倡议组织自

卫，又修订通乡条例和乐善社施米赠药章程。1915 年乙卯大水，平地乡成为泽国，他与族人一起筹款购粮，并通过船渡将乡民送往邻近的沙涌、雅瑶等地避灾。他本人更是每日乘船穿梭各处，又前往沙涌、雅瑶慰问乡民。此外，他还主持重修了 1925 年版的第七辑族谱，为黄氏一族传承历史打下了坚实基础。

廿四世月根公，清光绪二十六年（1900）任广东省酒税处督察长。民国初期，他建造了风格独特、中西合璧、祠内有其塑像的月根生祠。1915 年乙卯水灾，其利用月根生祠及广善堂组织收容民众 1600 多人，不论本地或外乡灾民一律散赈粥米，并倡导为难民筹款，用作灾后重建家园。1917 年其主持重建平地中心村黄氏大宗祠西厅，尔后，以亲身经历撰写《平地乡水灾记》，真实记录灾情和赈济工作，勉励后人互爱互助、共渡难关。

如果说祖先的事迹载存于族谱，那么近仁公和月根公的善举则是近代以来黄氏族人同舟共济、乐善好施的榜样。而“接人以敬，家无怠政，里有仁风”的优良传统也成为黄氏族人团结友爱、见贤思齐的行为

《南海平地黄氏族谱》

准则。1993 年，廿五世黄业增和廿七世黄惠祖共同担起同乡会修编平地黄氏第九辑族谱的重任，他们不辞劳苦，奔波港乡两地，日夜收集族人资料。其间，两位老人都身患顽疾，但仍尽心竭力、锲而不舍整理资料，直至 1996 年完成编撰。付印之时，黄惠祖因病离世，未能亲睹族谱面世，但其为传承氏族历史而鞠躬尽瘁之奉献精神深得人们敬重。一代代的黄氏族人承前启后、继往开来，“其有是德，宜其有是福也”。自古以来，黄氏族人持续助力推动平地的发展和进步，可谓功德无量、福泽绵长。

❷ 黄氏冬祭日　孝德重传承

慎终追远、传承孝德乃中华优秀传统文化。据《南海平地黄氏族谱》记载，以前，平地黄氏每年有春、秋、冬三祭，自清咸丰年间（1851—1861）才取消秋祭，仍保留春、冬二祭，此传统礼俗活动延续数百年之久。中华人民共和国成立后，黄氏之春、冬祭祀活动一度停办。

20 世纪 70 年代初，黄氏族人首先在香港恢复了春祭。21 世纪初，旅港南海平地黄氏同乡会倡议在平地恢复冬祭，以传承孝德文化，彰显盛世清平。经多年酝酿，遂定 2005 年冬至，借平地黄氏始祖适中（德政公）900 岁诞辰暨平地黄氏开基 820 年之际，于黄氏大宗祠复办冬至祭礼。冬祭仪式遵循旧例，当天中午吉时，60 岁以上男性长者身穿传统礼服，进入后堂祖先灵位前列队致祭，由主持指引依次上香、敬茶、奠酒、恭读祭文、行叩首礼，祭祀仪式完成后进行敬老

2005 年首次恢复黄氏冬祭，黄庆威做主祭

联谊聚餐，吃“九大簋”（广府地区高规格的粤菜宴席），最后是“太公分猪肉”。首届复办冬祭由平地黄氏 26 传孙黄文基主持，25 传孙黄庆威撰写祭文并诵读主祭，16 位长者代表穿礼服参加祭礼，敬老联谊聚餐为 43 席。此次冬祭活动经记者现场采访和各大媒体正面报道转载，平地黄氏恢复历史传统、传承孝德文化的行为获得了社会广泛认同，也进一步增强了黄氏族人传承好民俗文化的信心。

此后，冬祭礼仪逐步完善，不仅恢复了鸣钟击鼓、携童导引、祭祀天地等仪式，而且在和谐社会理念感召下，开始融入女性同祭和“太公分猪肉”，旅港乡亲黄大女成为女性入列第一人，年逾 100 岁的 27 传孙媳黄黎悦银也成为参加祭祀之首位百岁长者。其间，族人踊跃捐钱赠物，黄大女捐祭祀服装，黄镜镳赠数百双老式礼鞋，黄杰文赞助敬老礼品，黄剑波敬献摆设时花。

俗语有云：“冬大过年”。2018 年冬至的大清早，平地中心村黄氏大宗祠里族人齐集，众多记者、摄影师纷纷前来采访拍摄。香港商业电台原主播、享有

2005 年首次恢复冬祭合照

2007 年黄氏冬祭，黄大女（二排左七）代表女性首次入列

2018年黄氏冬祭，黄天朗代表族人祭天

2018年黄冠勋主持黄氏冬祭仪式

“播音王子”美誉之平地黄氏27传孙黄天朗，作为冬祭仪式主祭，满怀恭颂祭祖的敬畏之情，为更好地完成使命，其于冬祭前两度专程返乡进行现场彩排。上午11点吉时，礼仪长者及携童分列祭天台石阶，主祭人黄天朗肃立香案前，四携童分立左右。主持人黄冠勋宣布祭天地仪式开始，黄天朗代表族人下跪，携童将燃香递送给主祭，主祭拈香礼拜，主持礼唱“鸣钟、击鼓”，黄氏26传孙黄炳佳、黄志远分别负责鸣钟、击鼓，鸣钟一响、击鼓三声，共九节，九乃阳数之最，象征长长久久，也代表平地黄氏始祖适中诞辰九百多年。伴着钟鼓声，主持人朗诵祭天文，主祭人持香三拜并化祭文、敬茶、奠酒，祭天地仪式便告礼成。

其后，族人有序进入后堂，在祖先牌位前列队肃立，神情庄重，主持人从容主导，两位族人以旋律节拍鸣响铜锣，启动祭祖仪式：一、携童把点燃的清香递与前排三位父老代表，让他们向祖先上三炷香；二、黄天朗恭读祭祖文，数百字祭文概述了平地黄氏自始祖适中至今九百多载之发展历史；三、参祭族人全体下跪向祖先行三叩首礼；四、主祭人在香案前焚

2018 年黄氏族人祭祖

化祭文；五、黄氏媳妇进行化宝；六、四位携童把香茶、美酒分送前排九位父老代表，齐向祖先敬茶、奠酒；七、全体肃立，向祖先三鞠躬；八、全体族人每人手拈一支清香分别向祖先上香；九、鸣炮，冬祭仪式遂告礼成。

随后，160 多位身穿礼服的长者集中在祭天台石阶上，分行排列，合影留念。接着，联谊聚餐吃“九大簋”，菜肴为“三扣、三硬、三小炒”。是年冬祭，隆重热烈，筵开250席，族众纷纷举杯庆祝，浓浓乡情充溢宗祠内外。餐后便是“太公分猪肉”，男女老少人人有份，共享分猪肉的喜悦。

平地黄氏冬祭先后成为南海区级和佛山市级非遗项目，黄冠勋、黄汉威为该项目传承人。黄氏冬祭传承优秀传统、守望精神家园，承载孝德荣光、延续文化血脉，是岭南地区的民俗典范。

黄氏冬祭“太公分猪肉”

③ 黄氏大宗祠　美誉花祠堂

“平地祠堂有花睇”，这是一句流传甚广、高度评价平地中心村黄氏大宗祠的赞誉之词。

清乾隆二十年（1755），平地黄氏族人为纪念历代祖先而建的大宗祠落成。该祠坐北向南，占地面积2000多平方米，设计精妙、布局严谨，庄严典雅、气势雄伟。其足足花了18年时间来建造，工程之浩大、耗时之长久、工艺之精美，堪称一时无两。

这间看似在岭南地区常见的祠堂，除了一般祠堂常有的三间三门三进及镬耳封火山墙外，木雕、石雕、砖雕和灰塑等均荟萃一堂。它特有之钟鼓楼、东西廊庑及祭天台，是其他祠堂极少有的堂院式建筑形制。祠堂所有承托桁梁俱浮雕龙凤、花鸟、瑞兽、古代将相人物和太平盛世等图景，整座祠堂精雕细刻、美轮美奂。“花祠堂”的美誉雅称由此而来。

岁月沧桑，风雨侵蚀。平地中心村黄氏大宗祠虽仍屹立，但因年久失修，加上人为破坏，已损毁严

平地中心村黄氏大宗祠正门

重，后座岌岌可危，倾圮在即。20 世纪 90 年代初，旅港南海平地黄氏同乡会黄理、黄十二、黄业增和黄文基等众乡贤，为抢救宗祠文物和历史遗产，发起修葺倡议。此举得到当时平地管理区的大力支持，撤出了在大宗祠里的办公机构。

随后，平地黄氏黄觐伦和黄二升等父老组成修祠委员会，发动海内外黄氏宗亲族人捐资出力，开始对平地中心村黄氏大宗祠实施全面抢救维修。历经三年多努力，耗资 120 多万元，终使宗祠恢复原貌。

近 20 多年来，黄氏族人对宗祠毁失之文物逐步仿古复原，重修楹联、牌匾，再建后花园，每项工程都凝聚了黄氏族人对宗祠的情怀和心血。

祠堂门口大石匾额上的“黄氏大宗祠”五个大字，为番禺沥滘乡进士卫廷璞，用明末理学大儒、新会陈白沙先生发明的茅龙笔题书，字体刚健苍劲，功力非常深厚。匾额独具特色，四周以凤凰、牡丹和绿叶浮雕为饰，寓意花开富贵，显得十分高雅华美。

祠堂门前两边设相对应的“抛台”，其上各高悬硕大的红灯笼。两扇大木门上左右绘着尉迟恭和秦琼

黃氏大宗祠
千頃流風遠
三陽化日舒
章水梅花春留旌節
靈洲奕葉氣盛衣冠
黃氏大宗祠

何湜基（前）与其弟何佑基一起绘画门神

两个门神，为1994年由黄岐画师何湜基旅居香港前绘就。25年过去，门神有点斑驳剥离。2019年10月，年近八旬的何湜基先生又重绘门神。这对大门神和门口左右对峙的一对汉白玉石瑞狮，威武地守护着庄严的祠堂。大门口的“千顷流风远；三阳化日舒”对联，彰显黄氏之历史悠久、家风淳厚，三阳开泰、人杰地灵。

头门内设有宽阔天井，东西廊庑分立，镬耳封火山墙夹着的堂顶“龙舟脊”上雕满吉祥物，祭天台前的大理石围栏柱上雕着石狮子，一般祠堂极罕见的东西钟楼、鼓楼对峙呼应，庄重威严。

中堂一梁上悬挂着红色木匾，上刻“崇始堂”三个苍劲古朴的大字，让人有敬畏祖先之感。数条粗大木柱俱挂着怀念祖先、启迪后人之对联，其中一

平地中心村黄氏大宗祠崇始堂

对为“五岭环护平溪，由宋而明，奕奕箕裘世泽；一源肇启江夏，自浙而粤，绵绵子姓云仍”，扼要道明江夏黄氏之源，平地祖先由宋历明，从浙江迁徙至南海平地开基及发展之历史。承托木梁上遍雕“拜相封侯”“群贤朝圣”“龙凤呈祥”“八仙贺寿”“福寿康宁”等图案，生动丰富、形神毕现。

后堂天井围栏上的“二十四孝”浮雕，导人重孝。后堂正中宗主楼两旁的对联为“庄台世业千秋泽；德政功勋万古传”，主要颂扬始祖的千秋功德。东西壁分列着“忠、孝、廉、节”四字族训，是黄氏族人灵魂之核心，令人肃然起敬。

经精心策划，后花园为仿古园林设计，建有花

“忠”“孝”“廉”“节”四字族训

架、贤寿亭和仿古照壁，后墙镶嵌大型的“子孙昌盛”陶瓷壁画，画上有100个神态欢乐、活泼可爱、正在玩耍嬉戏的孩童，寓意族群团结和谐、生生不息。园内种植着族人寻根问祖时，浙江龙游祖籍乡亲

平地中心村黄氏大宗祠后花园

子孙昌盛壁画

广东省文物保护单位标志

平地中心村黄氏大宗祠屋檐下的木雕龙头

平地中心村黄氏大宗祠屋檐下的石狮子

赠送之桂花树和常青柏树，予人别有洞天之感。

1994 年 7 月，平地中心村黄氏大宗祠成为当时南海市第一批重点文物保护单位，2008 年被列为广东省第五批文物保护单位。之后，文保单位花了三个多月时间对该祠进行全面拍照、测绘、制图、记录、存档、立碑，着力进行保护。据传，大宗祠有各种造型的狮子 99 头之多。经文史专家测绘显示，大宗祠还有 300 多条形态各异、活灵活现的龙雕。

平地中心村黄氏大宗祠是黄氏族人的精神殿堂，其建筑工艺、众多匾额、楹联和雕刻，以及一砖一瓦、一草一木，都蕴含着黄氏族人深切的情感和丰富多彩的人文内涵。它犹如一方史志，向世人充分展示着平地深厚的历史文化。

4 学正永享堂　儒雅好榜样

学正村黄氏始祖世雄，字朝兴，南宋珠玑巷人。南宋末期，黄世雄官至南京六提领，后随文天祥抵抗元军，属刘子俊将军麾下，祥兴元年（1278）作战于广东海丰五坡岭，壮烈殉国。其子应科，字献伯，号鹤峰，任广西郁林州学正，执掌学规，考核学子。宋景炎元年（1276）黄应科任满，即将升任掌管全府教育的府教授一职时，因广西动乱，便回到南雄珠玑巷。翌年，元兵至，黄应科遂携母迁居南海平地乡。南宋亡后，黄应科谢门不出，专以讲学为事。因其满腹经纶，讲学春风化雨、有教无类，游其门者数千人，学风浓郁，蔚为一时之盛，时人尊称其为“学正先生”，名其地为“学正村”。

学正村自古世代书香、文脉相传，文人学者众多、出类拔萃者不少。仅清末民初，族人从事执教者多达18人，求学门生甚众。20世纪初，中国掀起废科举兴新学热潮，至30年代，学正人与时俱进，在东圃黄公祠开办十三保国民学校，有学生数十人。

昔日，学正村东南有河涌环绕，村北建有祈佑文脉昌盛、中榜夺魁的魁星楼，还有保一方平安的北帝庙。再向东北，建有文笔塔矗立于基围边，塔高约16米，塔身坚挺，塔顶修长，犹如一支耸立的毛笔直指苍穹，四乡远远可见。这些标志性建筑充分体现了学正村的地方特色和崇文之风。学正村街巷规整、排列有序，楼房密集、青砖石脚、做工精良，庙宇、门楼、牌坊林立，村内空地遍植龙眼树、黄皮树、白榄树、番石榴树、木瓜树等果树。进士坊和艺术长廊充

昔日学正村模型（黄永金制作）

学正村黄氏大宗祠

满人文气息，16 座祠堂慎终追远、敬祖睦邻。黄氏大宗祠是学正村黄氏第一座祠堂，也是唯一保存至今的祠堂。

学正村黄氏大宗祠门前旗杆夹石

学正村黄氏大宗祠建于明隆庆五年（1571），先后于清雍正十三年（1735）及道光十年（1830）重修。它坐西向东，为三进深院式建筑形制，古朴典雅，颇具岭南特色。该祠面积约 500 平方米，两旁置“履仁”“敦义”青云巷门楼，烘托和彰显正祠之庄严。祠堂门前曾有一条河涌，连通横江村的江心和沙海一带，上船便可通往外地，后截为一鉴方塘，中植荷花，花开时清香四溢。

宗祠大门前地堂上立有 4 座旌表功名的旗杆夹石，造型简洁大方，上刻学正黄氏一族在明清时期三位进士与三位举人的姓名、科次和名次，是族中子弟中举登科的标志，激励后人以此为荣、学有榜样。

大门石额上刻有“黄氏大宗祠”五个大字，字体遒劲有力，门前楹联为“坡前效忠留气节；郁林化雨坐春风”，以纪念和缅怀始祖黄世雄精忠报国、祖先黄应科作育英才的千秋功业。大门上的门神威武生动，前堂、中堂、后堂以条石铺设相连，中堂之上悬挂

学正村黄氏大宗祠永享堂

永享堂墙头壁画

“永享堂”木匾，庄重醒目，二进天井两侧还有廊庑通往后堂。

永享堂内的墙头皆绘有人物、花鸟、神话传说和古典故事壁画，这既是对历史文化的传承，又体现了广府古建壁画的题材特点。这些蕴含教育意义和审美情趣的“墙头画”与前庭的柏树、桂花树相映成趣，典雅恬淡。而堂前的抱柱楹联“清白传家，若不涤虑洗心，曷以光昭令绪；文章报国，须知禀经酌雅，庶几黼黻隆时”旨在教育族人光明磊落、学有所成、报效国家。

中华人民共和国成立初期，学正村黄氏大宗祠为东约生产队所使用，曾先后充当集体食堂、茶叶仓库、猪圈、藤厂和胶厂等场所，因而得以一直保留下来。1994 年 6 月 9 日，宗祠遭龙卷风袭击，前堂被摧毁，中堂的瓦面尽被狂风揭去。黄氏族人为保存文物古迹，广泛发动和联络海内外宗亲，倡议募捐修复祠堂。此举得到族人热烈响应，群策群力、集腋成裘，筹得善款 40 多万元。重修工程自 1995 年秋开始，于 1997 年春完工，历时两年，修旧如旧。其间，黄炳

1997年春天，学正村黄氏大宗祠修祠筹建组部分成员合影。从左至右，前排：黄炯章、黄富宏、黄炳谦、黄英光；后排：黄宪章、黄永昭、黄海平、黄浩荣

谦、黄炯章、黄銮章、黄裕廉、黄伯垣、黄文钰、黄秉熙、黄英光和黄永杰等族人不遗余力、奉献爱心，精心修复后的学正村黄氏大宗祠恢宏典雅，不失昔日风貌。该祠2011年被列为佛山市历史建筑，2015年被定为南海区不可移动文物。

重修学正村黄氏大宗祠之后，居港长老黄裕廉率先捐输，带动侄辈慷慨解囊，佐宏公黄伟南外孙梁泳钊鼎力支持，黄氏族人齐心协力，筹款约38万元，于1998年10月开工，翌年3月建成占地面积100多平方米、高2层的学正村文化室，南侧与永享堂相通。室内展示学正历史文化资料和黄氏族中优秀子弟事迹，以光前垂后；还购置了文娱体育用品，让乡亲们既有所学，又有所乐。学正村文化室是佐宏公子孙及外孙等众人捐款筹建，为纪念祖先，特命名“黄佐宏楼”。

学正村文化室

1996年3月19日，黄裕廉偕夫人黄伍慧卿回乡察看修祠情况，摄于西樵山

奔走于广佛两地、为筹建学正村黄氏大宗祠和学正村文化室热心奉献的黄爱瑶女士

难能可贵的是，在修复学正村黄氏大宗祠和新建学正村文化室的过程中，从广东广雅中学退休的黄爱瑶女士满怀乡土热忱，不断用相机拍摄照片，反映实际情况，联系和发动海内外宗亲慷慨捐资，玉成好事。她被族人称为学正黄氏外嫁女的楷模。

学正黄氏族人遍布全国各地及新加坡、日本、加拿大、美国、英国、尼加拉瓜等国家和地区。重修学正村黄氏大宗祠，提高了永享堂的知名度，也大大增强了族人的向心力和自豪感。近年来，每逢正月十五“开灯酒”，前来赴宴的族人及邻村好友达六七百人。清明时节，从海内外回到故乡的黄氏族人有两百多人，他们与学正村一百多位血脉相连的乡亲，共同祭拜祖先、畅叙亲情。无论是过去、现在或将来，永享堂永远是学正黄氏族人开枝散叶的血脉根系，也是他们魂牵梦萦的精神家园。

岁月流金，春去秋来。学正村翰墨氤氲、儒雅风尚；永享堂兰桂腾芳、馨香四溢。

华村梁氏大宗祠

⑤ 华村永思堂　狮艺武术强

梁氏大宗祠是平地华村唯一保存较完好的祠堂，该祠初建时间不详，重建于 1933 年，族人于 1997 年集资重修。该祠坐北向南，前后两进，两侧各有一条青云巷，建筑面积约 430 平方米，整体结构严谨，气势雄伟。

该祠台基和方檐柱为白麻石，屋顶上盖琉璃瓦，砖雕上有“民国癸酉年”“南邑陈绣初造”等题款，这些都鲜明地呈现了民国时期的建筑风格。该祠的木雕、石雕、砖雕和灰塑有神仙人物、云纹瑞兽和花果禽鸟等内容，造型精美、保存完整，既有神话传说，又有历史故事。尤其是门楼梁架上的木雕，整套古装戏剧人物灵动各异、栩栩如生，极具岭南传统建筑文化特色。

大门石额上刻“梁氏大宗祠”五个大字，字体庄重典雅，门前楹联为“婺源扬粤海；安定馥家邦”，简明叙述了家族源流与迁徙，并教育族人不忘本源、

梁氏大宗祠永思堂

安居乐业。门楼庭院以条石铺设相连，东西两侧为廊庑。大堂明间悬挂民国时期南海名士程祖彝所书“永思堂”横匾，正堂为从 19 代开始按字辈排列的对联：“开源欣富泽；昌业启宏基”。中堂楹联为“祖籍中原为国勤劳南岭地；母维粤海持家有道耀神州”。这些对联既体现了梁氏族人追念和颂扬祖先开基创业之功德，又反映了族人辛勤劳作、兴家报国的佳绩。

平地华村梁氏永思堂族谱保存完好。据载，始祖明启，号守仁，祖籍江西婺源。守仁于明景泰年间（1450—1457）受朝廷委任，迁广东英德县令，任内娶一南海籍民女为妾并育一子，号仲豪。守仁任期满后，眷念故里，携原配夫人及其所生之子回京述职。因妾与仲豪不愿随守仁回祖籍生活，母子二人来到平地华村立宅定居。仲豪遂成为华村梁氏族系之开村祖先，华村梁氏至今已繁衍至 22 代子孙。

1940 年，重视教育的梁氏族人集资筹款，在梁氏大宗祠开办初级小学，内有孔夫子像、课桌椅，还有作为体育课及童子军操练使用的木造仿制步枪数十支。初办时，学生多为本村子弟，到了 20 世纪 40 年代后期，邻近村的学童也来就读，学生人数有 40 多名，直至 1952 年政府规范办学才结束。

华村社学由梁、黄两姓家族的长老牵头协商组建而成，属民间社团组织。社学是村中长老议事及村民聚集倾谈、娱乐和活动的公共场所。每年农历十二月二十为社学的“还神日”，也是村中长老开会的日子，村中的大小事宜均在这里得到妥善解决。

华村梁、黄二姓还在社学合组成立了全村唯一的醒狮队，名为“联珠堂”。农闲时，村民在此学习武术和舞狮技艺。春节期间，“联珠堂”醒狮队常到宗亲和友好的村社拜年庆贺，并参加各地醒狮大会的活动。其醒狮技艺十分精湛，武术表演技高一筹，广受称赞。

得益于 500 多年的家族传承，梁氏永思堂就像一棵古老的大树，扎根于华村这片土地上，枝繁叶茂，开花结果。

6 泗沥孝思堂　回文诗流芳

泗沥陈氏始祖淮泗像

泗沥村陈氏始祖淮泗，字云隐，又字阅闲，明钦加同知衔诰授奉政大夫，韶州府仁化县儒学。其弟淮高，字慈隐，例授七品文林郎。云隐之子正和，字永昌，赐奉政大夫国子监太学生。云隐公、慈隐公及永昌公三人皆身处仕途，不思故邑。云隐公后于明永乐元年（1403）由惠州归善县（今惠阳区）三和房迁徙至南海平地泗沥村落籍，至今已繁衍至22代子孙。

陈氏宗祠坐落于平地泗沥一村，始建年代不详，迁建于1931年，由泗沥陈氏第17传孙集资兴建。宗祠坐北向南，深两进，面积约250平方米。门联为“太邱传盛德；颍水绍贤声”。宗祠大门石额上阳刻“陈氏宗祠”四个丰润厚重的颜体大字。祠内正堂匾为“孝思堂”。

陈氏宗祠让人印象深刻的是其对仗工整的回文

泗沥村昔日样貌图（陈灿祺绘）

陈氏宗祠昔日样貌图（陈灿祺绘）

诗。宗祠前门内上方有一幅双龙戏珠壁画，两侧各书回文诗一首。右侧诗为“香莲碧水动风凉，水动风凉夏日长。长日夏凉风动水，凉风动水碧莲香。”左侧诗为“莺啼岸柳弄春晴，柳弄春晴晚日明。明日晚晴春弄柳，晴春弄柳岸啼莺。”凡是踏进祠堂读到此诗的人无不赞叹其精妙绝伦。

1931 年，益智小学迁进新落成的陈氏宗祠，1935 年又迁出。1946 年，陈氏宗祠再次成为益智小学两个班的授课之所。1952 年秋，益智小学并入平地小学。陈氏宗祠还先后成为泗沥生产队部、集体食堂。令人

陈氏宗祠现貌

陈氏宗祠孝思堂

遗憾的是，20 世纪 70 年代初，陈氏宗祠被拆去上盖，改建成了仓库，幸而保存下来的东、西、北三面砖墙仍是陈氏宗祠之原墙体。宗祠正堂地面仍保留原貌，东面墙上数幅反映古代故事的字画，用水清洗重画后，清晰呈现，引人遐想。数年前，陈氏族人曾倡议集资重修宗祠，后因故搁置。人们相信，他们会团结一致、重振族声。

时光荏苒，斗转星移。陈氏宗祠见证了世事沧桑，而两首隽永的回文诗，以其独特的意蕴一直在乡间传颂。

孝思堂墙上绘画

第二篇　岁月留痕迹　往事不如烟

大江奔流，百转千回。流水带走了光阴的故事，同时也留下了一些弥足珍贵的碎片。人们可以通过这些吉光片羽，隐约看见岁月时光刻下的印记，聆听历史深处浑厚的回响。

1 昔十二甫黄　盛誉满西关

清代前期（1616—1735），平地中心村黄氏十八世涧石公之孙字达勋，号念斋，其苦于人丁单薄，在乡间难以发展，于是迁居省城广州经商，落籍时属南海县之广州西关十二甫（今和平西路）。因其善于经营，生意越做越大，财富也越来越多，遂先后买地、置房、建铺，鼎盛时期几乎整条十二甫街俱为黄姓所有，并在市内购置多处商铺，后来该家族更发展为涧石公支系人丁最旺的一房。十二甫街之黄姓大宅院分别由三座五进深的豪华宅院组成，每座宅院从头门进

黄姓大宅院小天井

黄姓大宅院家居陈设

黄姓大宅院小客厅

入，依次为门厅、天井、轿厅、大天井、大厅、二厅、天井、神厅、观音厅、天井、住房和厨房，还建有偌大的后花园。宅内陈设典雅、古色古香，独具岭南特色。三座宅院连成一片，全长一百多米，面积数千平方米，规模宏大，颇有大户人家之气势。

在广州西关一带，“十二甫黄”即“平地黄”的知名度甚广。当年，“十二甫黄”与北京路高第街许地联姻，送嫁之妆奁由西关排至高第街，蔚为壮观。平地涧石黄公祠修建竣工时，许地之当家许应骙还题写对联赠送。

“十二甫黄”经济实力雄厚，亦出了不少人才。廿五世之云纪、若波、季度几位堂兄弟，俱是举人，均有业绩。而廿六世又园则是清朝诰授奉政大夫、员外郎、法部主事，任广东监狱学校校长、监狱协会会长等职，功名显赫。

举人黄若波

“十二甫黄”族人热心乡中公益事业，曾给平地中心村黄氏大宗

十二甫黄族人祝寿合影

十二甫黄族人照片

祠捐献不少田地做公尝产业。廿二世三城公一生致力故乡建设，慷慨出资修建了自平地德政门楼始，向南经冯边村口洪圣庙前，再向东延伸至平地大石桥，全长1000多米、宽约1.5米的坚实平坦石板路，从此乡人出行无忧。后来，平地德政学校扩建，其族人捐出紧邻的整个桑园作新校舍之用。

据传，民国时期，有一个姓关的小老板，芳村西塱乡人，他父子俩人在丛桂路搭了个草棚做大排档，专给那些做苦力的人供应廉价的粥粉面。老关为人诚实厚道，收费合理，生意甚好。大排档不远处住着南海平地大户人家“平地黄”。黄家上下都喜欢吃夜宵，老关父子不管是天寒地冻还是三更半夜都随叫随送，“平地黄”甚为感动。于是，“平地黄”便有心助老关一臂之力，借足本钱给其将大排档改建成一间雅致高档的茶楼，名为“福馨居”，其独创的“神福面”有口皆碑。由于生意兴隆，老关过上了好日子。1949年后，“福馨居”经公私合营，改为一间国营旅店，而“神福面”也从此失传了。

后来，“十二甫黄”族人逐渐离开了西关一带，但时至今日，上了年纪的西关老人仍津津乐道“十二甫黄”昔日的辉煌故事。

❷ 杏林春早暖　妙手济苍生

清末民初，平地的医疗卫生有所发展，20 世纪 30 年代初逐步健全。平地“从仁市”内有黄广济、乐善堂、万家春等药材铺，桥头街有金葫芦、孖葫芦中医馆和杏春堂中药铺。黄广济药材铺在晚清年间便已存在，20 世纪 40 年代中结业。乐善堂药材铺于清光绪二十二年（1896）由平地中心村黄氏大宗祠崇始堂开办，建有木楼做仓库，设施完善，平时对生活困难的患者，以及疫情流行期间的病人救死扶伤、赠医施药，也曾一度成为村民邮寄投递之所，1949 年后收归集体所有，并于 1953 年结业。1954—1956 年间，平地组建了联合诊所。1958 年，盐步卫生院在平地“从仁市”设立平地诊所，设有中、西医诊室；1966 年，又在平地中心村黄氏大宗祠东厢房建立医疗站。

昔日万家春药材铺的厘等称、铜药舂、药碾和铡刀

平地有不少仁心仁术的名医。

黄霄鹏（1839—1890），名保康，字培声，平地学正村人。他9岁随父读书，文才出众，后弃举业，潜心习医，救活了众多危重患者，名重一时。他医德高尚，尽心为乡亲治病，不论亲疏，不收谢金，并免费医治贫苦者。晚年，他编著《医林猎要》《吴鞠通方歌》和《陈修园方歌》行世。

黄坚荣，人称“秘鲁坚”，曾旅居秘鲁的伊基克市（现属智利），他于20世纪30年代中期回乡开办了万家春药材铺，该铺建筑古朴典雅，内设精美药柜和酸枝桌椅，配套设施相当完善。1939年夏天，平地霍乱疫情肆虐，配药师常福不幸染疾身亡，其弟常宏安前来当坐诊医生，他医术精良，看病免收诊金，病人按药方执药。他们还经常在店铺门口派粥赈济饥民，彰显一

昔日万家春药材铺的药柜

名医李仲贤

名医黄少泉

名医黄兆熊

片爱心。黄坚荣一直坚持亲自选购药材再加工，直到80多岁还亲自到广州、佛山市区采购药材，他宅心仁厚，经常制作“跌打丸”赠送村民。

李协中、李雁初和李仲贤祖孙三代从20世纪初就在平地行医。李协中，原籍清远三坑，应邀来平地扑灭麻痘疫症后在平地定居，其子李雁初一直在平地开中医馆，擅长医治麻痘。李雁初与甘业修医生在救治霍乱疫症病人过程中，不幸先后离世，其舍命救人的事迹令人感动。1956年，李雁初儿子李仲贤（1912—1988）带头组建盐步联合诊所，1958年携现金及药物参与组建盐步卫生院。1959年，他参与整理中医祖传秘方工作，编成《医药方资料》一书，1979年被评为“南海县名老中医”。

黄润泉、黄少泉、黄兆熊祖孙三人均为名医。黄润泉一生从医从商，家藏医典、图书甚多。其子黄少泉于1933年在广州考取中医行医执照，后回平地“从仁市”开设中医馆。中华人民共和国成立初期，黄少泉为平地、横江、联安三乡医联会主席，他团结中医西医，组织医疗队为修水利堤围和广佛公路的乡

1979 年 10 月，南海县名老中医、特级药工合影（李仲贤二排右三，黄兆熊三排右四）

民服务，1954 年去香港主营蜡烛生意。黄兆熊从小受家庭熏陶，在父亲黄少泉悉心指导下学习传统文化和医学，他敏而好学、博闻强识，医理日臻成熟，对内科、外科均有专长，尤其对治疗温病、胃炎、小儿麻疹等病症有独特心得。20 世纪 50 年代中期，黄兆熊考取了医师证书，1958 年成为盐步卫生院的业务骨干。由于他有深厚的中医学理论基础，又有丰富的临床经验， 60 年代初，黄兆熊任教于南海县中医进修班，为南海培养了一大批中医人才，1979 年被评为“南海县名老中医”。 他富有爱心、大医精诚，不开贵药、救治病患，在盐步乃至南海名声远播、广受赞誉，每天前来候诊的病人排成了长长的队列。

黄慕基、黄巧妆和黄善妆三位女医生是民国时期平地女性的先锋人物，她们有文化、有特长，独立自主、慈怀济世。黄慕基，学正村人，是著名的儿科和妇产科医生，民国时期曾任广州福宁医院院长，后回平地开办西医诊所，“文化大革命”结束后再回广州从医。她一生颇为曲折坎坷，但始终保持医者仁心的情怀和女性知识分子的优雅，其救人无数，行善积德，

1961 年 8 月 1 日，黄巧妆（前排中）医生与姐妹合影

百岁而终。在清末民初，黄巧妆、黄善妆两姐妹就被父亲黄月根专门送去香港、广州学习西医。两姐妹学成归来后，在平地开设西医诊所，满腔热忱为村民服务，可惜黄善妆于 1951 年不幸离世。而黄巧妆一直采用西式接生方法为产妇服务，白衣天使般迎接众多新生命的诞生。20 世纪 30—70 年代初在平地出生的人，大多数都是由黄巧妆引领来到人世间。老一辈平地人对黄慕基、黄巧妆与黄善妆热心助人、精诚服务的事迹，一直感怀于心。

此外，还有很多医生曾在平地从事过医疗服务，主要有曾励扬、麦盖凡、张卓勋、黄剑影、邓应生、梁永林、梁相贤、黄建欢等人。他们全心全意、尽职尽责地守护着平地村民的健康。2019 年 10 月，旅港乡亲何湜基先生，在重新绘画平地中心村黄氏大宗祠门神时，曾激动地讲述当年麦盖凡医生救其一命的故事。1941 年，何湜基出生才几个月，其母亲在黄岐家里的天井背着他洗衣服，因地湿向后滑倒，何湜基被重重摔在地上，导致严重休克，情况十分危殆，但家人毫无办法。当时在黄岐行医的麦盖凡医生闻讯赶

名医麦盖凡

来，对其全力抢救，最终转危为安，何湜基至今都对麦盖凡医生的救命之恩念念不忘。

时代潮流，翻涌向前。平地古老的药铺、医馆慢慢发展成现代的诊所、卫生站和新药店。虽然体制、格局和设施都发生了深刻变化，但是当年医者救死扶伤、妙手回春的感人事迹一直温暖着世道人心。

3 观音诞巡游　祈福保平安

观音菩萨在传说中是大慈大悲、救苦救难的化身和象征，民间有着礼拜观音、祈福求吉的活动。

平地观音古庙源起历史不详，曾分别于清乾隆三十二年（1767）、嘉庆十九年（1814）和光绪十三年（1887）重修。古庙坐北向南，二进深，占地面积200多平方米。据《重建观音古庙碑记》记载，当年的古庙“位于东南隅，灯火荧煌，香烟缭绕，岁时祈祷不绝”。在《又重建碑序》又刻着“方魁阁耸于前，龙池绕其后，青松绿竹映带回环，桑梓烧香源源不竭”

平地观音古庙

等字。古庙大门石额上刻着“观音古庙”四个大字，落款为“甲戌吉旦修，黄位清敬书”。门口石联曰“万树菩提，随缘示现；一瓶杨柳，与物皆春”。屏风联为“稽首慈云，入庙也知求福泽；存心善果，回家须要孝翁姑”。大座联是“杨柳瓶开，遍洒人间欢喜地；菩提树证，长依佛法大罗天”。庙后翠竹成荫，庙前有高3层的文昌塔隔涌对望，塔身石匾刻着“平地丹梯”四个大字，庙西是莲花塘，环境清幽古雅。

20世纪50年代，平地观音古庙遭拆毁，幸存地基。1992年，旅港南海平地黄氏同乡会牵头恢复举办富有历史传统的观音诞庆典活动和平地烟花晚会，继而以兴建“敬老堂”的名义在原址启动重修观音古庙。1993年农历六月十九观音诞，平地观音古庙建成重光。新庙将原土瓦青砖改建为琉璃瓦仿古砖，庙前安放被拆毁的文昌塔留下的“平地丹梯”等三件古朴石匾。旁有园林，后植翠竹，西临莲池，加建敬老堂，庙内供奉弥勒、韦陀、观音、地藏等菩萨，偏

平地观音古庙观音像

殿供奉三娘圣母。古风新貌、庄严依旧，信众虔诚、香火更盛。

从前，平地每逢农历六月十九观音诞，均举办大型民间庆祝盛会。有烧炮、做大戏及逢大庆设坛打醮、观音巡游等活动。烧炮是村民自发结社成立炮会，通过抢花炮的形式获得炮会彩礼。做大戏又称粤剧“神功戏”，戏由夜至旦连演。设坛打醮是大庆年重要节目，在观音古庙前的空地搭建醮棚，棚内摆设神坛祭品，门口两边各立一位守坛护法神，俗称“大山佬”，大山佬高丈余，以大长木为躯干，辅之以竹料纸扎而成，形象威严，场景肃穆。醮棚的西南面遍插幡旗、挂满白灯笼。

观音诞最庄严盛大的仪式是观音巡游。据载，平地观音巡游始于清同治十三年（1874）闰六月，当时庆祝观音诞设三年一小庆、五年一大庆。其时，庙祝恭请出庙里的观音菩萨“行宫”像在平地堡所辖之20个村庄巡游。队伍由灯笼、火蓝、旗帜、罗伞、飘色人物、色马仪仗、八音鼓乐等组成，浩浩荡荡绵延数百丈，沿途村民热烈欢迎。该活动于20世纪50年代

观音“行宫”坐轿巡游

停办。

2009年农历六月十九，在旅港南海平地黄氏同乡会的牵头下，观音巡游仪式复办，并有所发展。当天，平地万人空巷，各方游子纷纷回乡，共同参与观音巡游盛事。首先，在观音古庙举行“行宫”出游仪式，早上8时从观音古庙出发巡游。由十多位法师领头，诵经散花，其后是一对写着“平地观音古庙”的传统灯笼“头牌”，接着是两块写着“观音三娘宝诞”的牌子，随后是旗帜队伍，领着三顶抬着护法菩萨韦陀、三娘圣母及观音菩萨的圣像花轿，轿两旁各有一对御扇护荫。之后是罗伞队、观音宫灯队、八音乐队、“八仙贺诞”和“七仙女下凡”人物化妆造型队，还有两匹高头大马，马头上戴着大红花。后面还跟着麦边武术龙狮团的两条锦龙、两头醒狮。巡游队伍共200多人，队列绵延数百米。依次途经文明路、平地中心村黄氏大宗祠、琴鹤街、芦荻巷、福地街、北源里、北溪街、三多街、新基、义基、烛芯基、德政里、道头、

观音巡游经过道头村

观音巡游经过麦边村

华村、泗沥、村委会、麦边、东约、学正、黄边、冯边，再经平地大道返回观音古庙，历时 4 个多小时。所到村境的信众均设香案敬候，锣鼓声、爆竹声、欢呼声不绝于耳，沿途民众夹道恭迎、虔诚礼拜。平地大道沿途彩旗招展，人山人海。恭敬和虔诚，热闹与生机，洋溢整个平地。

自 2002 年始，平地恢复了观音诞前农历六月十八“派斋饭”的民俗，该活动每年持续并不断发展。“平地观音斋”是富有特色、美味可口的菜式，深受村民称赞，从开始时派出 3000 多份斋饭，发展到现在派出近万份。

2019 年农历六月十九观音诞，虽不是大庆活动，但人们如常礼拜观音，祈求风调雨顺、国泰民安。当天，除麦边武术龙狮团、中联电缆黄飞鸿武术龙狮协会及各村醒狮队齐来庆贺表演外，还有平地黄氏分支族裔的广州东塱村的一条新巨龙前来贺诞。新巨龙盘在平地中心村黄氏大宗祠门前，龙头架起，旅港南海平地黄氏同乡会黄智基、黄文基、黄灿威，以及平地黄冠勋、黄汉威、黄志成等人为东塱巨龙“点睛”，象

黄氏族人为东塱新巨龙“点睛”

征赋予巨龙新的“生命”。同时，黄氏集团黄杰文为东塱大龙旗增彩。点睛仪式后，随着锣鼓声起，东塱巨龙先在祠堂门前盘旋起舞，后又到观音古庙、药轩黄公祠参拜。当晚，筵开400多席，港澳乡亲、海外侨胞、各方亲朋好友欢聚一堂，场面十分热闹。其时还特邀剧团前来演出，好戏连台。庆典活动从六月十八“派斋饭”开始持续五天，整个平地洋溢着一派欢乐祥和气氛。

从2009年始，平地观音诞巡游已举办了三届。现今，设定为每四年举办一次。2016年，“平地观音诞庆典”被列为南海区非物质文化遗产。2020年，黄渐卿、黄志成两人成为该项目南海区级非遗传承人，平地观音诞不愧为广佛两地祈福至善之民俗庆典盛会。

4 百岁牌坊立　仁者寿而康

以前，百岁老人被尊称为“人瑞”，可立百岁牌坊旌表。昔日，平地曾有两座清代百岁牌坊。

一座是学正村的儒瑞坊，源起该村黄氏十一世序皇公黄犹显，享寿百龄，清康熙五十五年（1716）于学正村黄氏大宗祠前奉旨旌表建此坊，嘉庆十五年（1810）迁建到二度桥侧，可惜在日军侵华平地沦陷时期被拆毁。

另一座是平地中心村的百岁牌坊，源起该村黄氏二十三世平石公黄尧苍，清光绪十八年（1892）由两广总督李瀚章、广东巡抚刚毅奏请奉旨旌表，于南社

平地中心村百岁牌坊留存的石像与石刻

药轩祠东侧建坊。该坊为四柱三间三层白麻石建制，高约 6 米，宽约 5 米，立柱底部外侧为两块云形抱鼓石。两层坊顶均以坑瓦型石盖顶，坊顶檐下正中镌刻“圣旨”二字，“圣旨”旁边是两个石刻官员雕像；二层正中刻着“百岁流芳”，左右两边分别刻上“升平人瑞”和“七叶衍祥”。“升平”寓意政通人和，盛世太平；“人瑞”专指健康长寿过百岁的老人；“七叶衍祥”是指亲见上下七代人，充满吉祥福意。牌坊设计庄重巧妙，前后两面的石像和文字内容相一致。

20 世纪 60 年代初，黄尧苍百岁牌坊遭拆毁，后来族人黄汉威发现牌坊的两块石像和几块刻有文字的残石，遂将其存放于平地中心村黄氏大宗祠后花园里妥善保管。其中两块弥足珍贵的石像作为历史文物镶嵌在新修的仿古照壁上。另几块残石上，有可辨析的文字“光绪十八年……奉直大夫五世同堂，亲见七代，现年一百零三岁，臣黄尧苍敬立”“……两广总督部堂李，广东巡抚部院刚，二位大人奏请……建坊，赐额”。石块题刻内容与族谱记载一致，述说着百岁牌坊

2012 年 12 月 29 日，黄黎悦银 100 华诞寿宴，四代同堂全家福

的历史与由来。百岁牌坊虽被拆毁，但立坊彰孝、敬老尊贤的传统美德仍影响深远。

平地中心村黄氏宗亲和家人普遍都健康长寿，应与优秀的遗传基因、平和乐善的心态和良好的生活习惯密切相关。抗战老兵黄树开的姐姐黄让化历尽艰难曲折，晚年在香港生活，2018 年以 108 岁高寿离世。黄氏二十六传孙媳黄黎悦银，2012 年老人家 100 华诞，首次在平地中心村黄氏大宗祠举办百岁寿宴，她从 100 岁开始连续参加六届黄氏冬祭，其奉老扶幼，子孝孙贤，乐享晚年四世同堂清福，寿量 106 岁。黄仲添，旅港南海平地黄氏同乡会成员，大力支持会务和家乡建设，享年 102 岁。黄理，旅港南海平地黄氏同乡会会长，2019 年清明节期间，以 98 岁高龄回乡祭祖，他对平地各项公益事业功高至伟，享年 98 岁。黄炳权，

2016 年 12 月 18 日，黄黎悦银（前排左三）104 华诞寿宴，亲朋好友欢欣庆贺

旅港南海平地黄氏同乡会理事成员，关心乡梓教育与建设，年事虽高，仍奔走港乡两地，参与乡间各项民俗活动，自 20 世纪 90 年代至今曾四度组团赴浙江龙游祖籍寻根，为平地民俗文化的复兴奉献良多，享年 93 岁。

2020 年，黄氏族人还有很多健在的福寿康泰老寿星。黄相钊，现年 101 岁，旅港南海平地黄氏同乡会成员，支持会务及平地文化建设，2011 年，他 92 岁高龄还回乡参加第七届冬祭。黄植勋，现年 97 岁，旅港南海平地黄氏同乡会理事，热心会务。黄大女，现年 96 岁，旅港南海平地黄氏同乡会理事，为 1992 年重建平地观音古庙发起人之一，2007 年平地黄氏冬祭女性入列第一人，赞助平地黄氏冬祭礼服数年。黄南，现年 94 岁，20 世纪 60 年代广东省劳动模范，退休后尽心竭力为祠堂管理服务近 20 年。黄树开，现年 93 岁，抗战老兵，后当上香港水警，1986 年退休，爱国爱港爱乡。黄泽贤，现年 92 岁， 50 年代参与组建平地文娱组，为粤剧演出之主要成员，数十年来热心公益、尽心尽力，积极推动平地民俗文化复兴。黄业华，现

黄业华游泳健身

2019年，黄业华参与佛山市50千米徒步

年90岁，耳聪目明，仍每天坐车到南海机关游泳场游泳，是该场年龄最大的锻炼者，2017年起连续三年参加佛山50千米徒步活动，三次都坚持用11小时走完全程，其健康与毅力令年轻一代十分惊叹和敬佩。

每一位老寿星都充满着或平凡或传奇的故事，让我们衷心祝愿他们平安吉祥、福寿康宁！

5 炮楼防匪患　彻夜响更声

为保一方平安，以前很多乡村都建有炮楼或碉楼，通常为2层以上圆柱形或方形建制、设有瞭望窗口和射击枪眼的封闭式坚固建筑，它在防匪御敌方面起了十分重要的作用。

平地堡经济实力雄厚，对民防自卫极为重视。清代前期，便有倡建民团防范盗匪之举。清光绪二十二年（1896）农历四月二十五晚，平地曾遭盗匪连劫25

家而无抵御之灾，尔后乡绅父老商议购械以加强自卫，添置毛瑟枪 30 支，抬枪 8 支，虎尾枪 10 支，铜锣 10 面，并实施七乡联防，兴建更楼。

清宣统三年（1911），社会动荡，盗匪四起，为加强防卫和自保，乡民筹资添置大炮 6 尊及枪械 10 支，抢建哨堡、炮楼，旨在获得开阔视野，居高临下打击进村匪徒。

清末民初，在平地北面的北帝庙前，建有炮台 1 座。炮台以双层红石砌筑而成，掩体约一人高，开有数个炮眼，对向东北，设生铁古炮 3 尊，炮座装有铁轮，以便移动。炮管长约 1.8 米，管身直径 20 多厘米，重达千斤。炮台近处设有以欧勇为团领的“安勇营”防卫队。此外，在新基方便所邻近设炮 3 尊，其中 2 尊稍小，跟北帝庙之炮台互成犄角之势，防控着村北面的进村主道及里水镇大步村一带的水域。

20 世纪 30 年代初，沿村建有大小炮楼和射击掩体共 16 座，高 2 层的主炮楼 7 座，均按地形区域分布于东社的天龙里、村南的兴贤里和由庚里、西面的平地里，以及北面外河一带的篓墩岗、大码头、二码头

20 世纪 40 年代的平地更馆

及三码头等地段。炮楼均开有枪眼，可相互守望，作为制高点监控着全村外围及水陆路的主要交通要道。同时，平地建立了较强的民团组织，购置机枪、步枪等武器装备，以防匪贼，保障太平。

当时，平地还设有更馆，安排更夫巡夜，抗匪御盗、保家护村的联防体系甚为完善。平地更馆，坐落于村北河涌岸边主要出入口，为民团集合之所。晚上有团丁，俗称“老更”，持枪械留守，专门从事保境安民工作。

以前一般民众没有计时器，在夜间报时辰的更夫就相当于行走在村子里的“活时钟”。打更报时可有讲究，更声必须按照时辰来敲，不得多敲，亦不能少敲。敲一下，代表初更；敲两下，二更天已至；依此类推，五下更声响起时，天已放亮。入夜之时，值更开始，更夫关上村前的木闸并上锁，然后手提风雨灯开始打更巡夜。更夫要具有较强的安全意识，他们在打更的同时，还要伸长脖子，这嗅嗅、那闻闻，东观西看，小心翼翼洞察着村中各处有何异常，还特别注意防火安全。打更巡夜这一制度延续至中华人民共和国成立初才停止。

如今，人们再也见不到手持铜锣的更夫了。然而，那时而洪亮、时而缥缈的打更声和充满关爱的善意叮咛，依然会在某个静谧的夜晚，不经意间进入村中老人的梦乡，给他们带来久违的温暖和感动。

6 泗沥中兴社　威名数百载

在皇权至上的封建社会，各项律例清晰明确，宗法制度十分严厉。而乡约族规较为具体，它是乡村自治的一个重要组成部分，与祖训、家训、家风等一起，对构建乡村社会的公序良俗发挥了重要作用。

平地泗沥中兴社具有明显的乡村自治特点。泗沥村黄、陈、梁三姓氏族合群而居，村中大事不能无人做主。为御外和自强自保，清康熙年间（1662—1722），三姓族中长老共同商议成立中兴社，统领东约、北约、南约三村，核心成员由村中 60 岁以上德高望重的父老担任。为确保该社正常运转，他们购置田地5万平方米（75亩）用来出租，其收入作为中兴社经费来源。之后，中兴社组织村民开挖环村涌，成立老更队，添置枪支及建筑炮楼以保护村落安全。随着中兴社威名渐高，村中所有大事都由其裁决，发挥了德业相劝、过失相规、礼俗相交等作用。中兴社还制订十分严格的村规民约，如有偷窃行为者，第一次不能参加“太公分猪肉”，第二次逐出本村，第三次“格杀勿论”，外村来偷盗者也同等处理。这些规章制度建立后，泗沥村民更加循规蹈矩，形成了事亲能孝、夫妇以礼、兄弟以恩、朋友以信、和睦乡邻、与人恭逊、辞气安和的良好氛围，这些制度引导村民守望相助、共同进取，从而使泗沥三姓族人和谐、友好、团结维系数百年之久。

乡村治，百姓安。随之而来，他们更着重儒家思想的道德教化，并开展一些独具特色的乡村文化活动。昔日，泗沥大型的盛会有村庆、扒龙舟、醒狮会等，在平地、横江、联安等地都颇负盛名。泗沥村庆日为每年农历三月初三，全村男女老少，欢天喜地共庆北帝诞，晚上放烟花、演大戏（即粤剧），一片欢

1997 年 1 月 16 日，泗沥新春醒狮活动

乐祥和。每年冬至，村民还进行“抢马蹄”“烧禾秆”等活动，祈求万事顺遂、平安吉祥。

舞狮乃平地喜闻乐见的民间传统习俗，在泗沥也得到很好的传承和发扬。1949 年以前，泗沥聘请教头授艺，并有合胜社、仁义社、怡乐堂等多个狮会，其武术、狮艺都有深厚的功底。泗沥曾应广州慈善机构邀请，与平地各路狮队赴广州进行夜演，因狮艺精湛高超，获得广州民众称赞。

100 多年前，泗沥就已经有龙舟，龙舟牌上横书“泗沥”，下写“中兴社”。至今，每年端午期间，人们在周边的锦龙盛会中常常见到“泗沥”龙舟，他们

2009 年 5 月 29 日，泗沥龙舟参加盐步锦龙盛会荣获亚军

2015 年，泗沥龙舟参加盐步锦龙盛会并获奖

同舟共济、奋勇争先的闯劲赢得观众阵阵喝彩。

泗沥中兴社是传统乡村社会的一个典型自治组织，它曾在维护和管理乡村秩序的过程中发挥了重要作用。当前，在实施乡村振兴战略中，泗沥中兴社昔日在自我教育、自我管理、自我服务等方面的一些好的做法，可为如今乡村法治、德治、自治“三治融合”的社会治理现代化提供有益的借鉴和启示。

7 战乱走芦苞　和平赴广州

1938 年，日本侵略者的铁蹄践踏广州，位于广州西面相距约 10 千米的平地乡也随之沦陷，所有工商业受到了非常沉重的打击，百业萧条、民生凋敝。尤其是日军严禁民间藏有火药，致使时属平地乡的邵边村近 50 间大小爆竹厂全部关闭。由于米粮短缺、物价高涨，民众朝不保夕、难以为生。整个沦陷时期，平地乡因饥饿而亡者有数百之众，很多家庭卖儿卖女，境况十分凄惨。在充满书卷气的学正村，族人为免饿

死，也陆续拆毁了十几间祠堂，靠卖木材、砖瓦和石料等艰难度日。万般无奈之下，平地乡民为求生存，只好去广州购买一些火柴、“火水”（即煤油）、盐和布料等日用百货，然后挑着几十斤货物，冒险向西徒步 60 千米，远赴三水县芦苞镇换回粮食以充饥糊口。

抗日战争时期，三水芦苞是暂未沦陷的“国统区”，为国民党军队和广州抗日游击队等武装力量所管控，那里工业日用品十分紧缺，而粮食价格相对较低。平地乡民为赚一点小差价，天未亮就 10 多人组成一队，挑着货物，途经大沥、松岗、联表、潭村、官窑、三水乐平、鸡啼布、牛栏岗等地，一直走到下午五六点钟才到达三水芦苞墟场进行交易，晚上就留宿当地的“平安客栈”，第二天一早便挑着换来的米粮返程。全程往返 120 千米，非常疲累，还要心惊胆战地提防日军盘查和土匪打劫，过程非常艰辛。直到抗战胜利，平地乡民才慢慢缓过气来，得以休养生息，但创巨痛深，令人刻骨铭心，永远无法忘却。

广州是广东省的政治、经济、文化中心，繁华热

平地沦陷期间，村民贩货去三水芦苞（刘梓安绘）

闹，富有都市风情魅力，一直是平地人向往的地方。历史上，平地河涌纵横，人们去广州最初是走水路，通过舟楫约两小时就到广州了。抗战胜利后，开通了广州黄沙经平地至雅瑶的客运航线，当时“火船”为“昌泰”号，1949 年改为“新合利”号，后再改为“红星”号。“火船”即用煤或炭烧沸锅炉内的水，产生蒸汽驱动蒸汽机，再带动涡轮高速运转作为动力的船。“红星”客船只有一层，载客三四十人，平地人在大码头或二码头上船，带上随身货物或行李，沿雅瑶水道

20 世纪 60 年代初，平地大码头和红星客运船（刘梓安绘）

向东经南海石门中学和白沙水口，直达广州白鹅潭的黄沙码头，往来相当方便。因1959年兴建了黄岐北村大闸，致使航运有所不便，再加上陆路交通的建设发展，“红星”水上客运于1963年停航。

除水上交通之外，陆路是平地通往广州的主要途径。第一条陆路是自明代开始，平地人经平地大石桥向东慢慢步行至广州。第二条是乘坐1901年开建的广三铁路火车，从邵边站经三眼桥、五眼桥到广州石围塘终点站，再搭船到达北岸的黄沙码头。随着道路建设和公共交通的发展，邵边火车客运站也于1990年4月撤销。第三条是建于20世纪30年代的广佛公路，此路自东向西贯穿平地南部，经过五六次扩建提升，交通十分便捷，从平地开车到广州只需十几分钟。广佛公路交通繁忙、川流不息，带动了沿线经济发展，是名副其实的“广佛商贸黄金走廊”。

平地人经常去广州探亲访友、饮茶赴宴，或去打工经商，而逛街购物去得最多的必是当时最著名的南方大厦。人们最开心的事情是去广州购书、照相、看电影和逛迎春花市，或去荔湾湖和流花湖等地观光游玩。20 世纪 50—80 年代，平地篮球队曾多次去广州文化公园、芳村工人文化宫等地开展篮球联谊赛。平地小学常年组织学生步行去南面的邵边站乘火车，或租大客车去广州起义烈士陵园、中山纪念堂、广州农民运动讲习所、广州文化公园等地参观学习和开展教育活动，这些都成为许多平地人的美好回忆。

现今，临近广州的平地城市化进程不断加快，广佛同城工作、同城生活等方式和风气慢慢形成。正是长期得益于广州大都市的经济、文化、生活习惯和思维方式等的辐射和影响，平地才得以同现代文明深度融合，经济社会发展也才越来越快。

第三篇　从前小金山　今朝更繁华

平地工商业的肇始、发展与繁荣，走过了漫长的过程，历经了不断的变化更迭。平地人顺势而为、辛勤积攒，创造了丰富的物质财富，平地逐渐成为物阜民丰、文明富庶之地。

1 旧墟从仁市　古井见沧桑

平地商贸业的发展由来已久，很早就有完整的集市供百姓往来交易。清乾隆（1736—1795）初期，在东、南二社交界与学正村接壤处逐渐形成平地较为集中的一个墟市，名为“旧市”。“旧市”里日常的农副产品、生活用品应有尽有，还有怡丰酒米杂货店、黄广济药材铺和轿店等商铺，基本能满足乡民日常所需。

随着经济发展和人口增加，“旧市”的规模显得狭窄，不能适应现实需求。清嘉庆元年（1796），在平地中心村黄氏大宗祠东侧创建了人称“新市”的“从

“从仁市”内的旧招牌“磁器缸瓦”

仁市”，入口门楼石额上刻着的“从仁市”三个大字格外醒目。

1914 年，新的市场形态兴起，“新市”被重新规划改造，并对地段和摊位进行功能划分。当时较为大型的商铺有五昌、永兴和等杂货铺，天龙、高升、朗记等茶楼，乐善堂、万家春等药材铺，“牛肉润”“哥大”牛肉档，“咸鱼湛”“烧鸭文”和老裕等咸杂档，“开仔”“九仔”等瓜菜档，衣食住行样样齐全，大大便利了当地百姓的日常生活。

20 世纪 50 年代，工商业实行社会主义改造，平地也从几间商铺开始，再扩展到全行业公私合营，建立了供销社，走上了合作化道路，但“新市”仍是平地的购物中心。改革开放后，这些集体商业才逐渐解散。

平地中心村黄氏大宗祠旁“从仁市”内有一口古井，相传与该祠同期所建，距今已有数百年历史。青砖做井壁，红石为井栏，栏高 40 厘米，外方内圆，井深 4 米以下为流沙层，井水清澈见底，常年用之不竭。当年，这口井的用途很大，肉铺要洗肉、菜摊要洗菜、茶楼和小食店要泡茶，民众与各店铺都从井里

“从仁市”古井

取水。在清澈的井水中，仿佛能看到当年挑水人的影子，他们挑着井水，稳步行走在街巷中……

今天，古井已经失去其滋润万家的作用。但当你细看古井的磨痕，就会读懂一个别样的平地。这个曾经不可缺少的小地标，见证了一段兴衰的历史，留下了一缕浓得化不开的乡愁。

❷ 先有桥头街　后有横江墟

平地大桥，又称平地大石桥，东西横跨横江的瑶珍和平地的麦边，石桥两岸一带称之为“桥头”。在20世纪初，广佛公路未建成通车之前，此桥是平地、联安、雅瑶、大沥等地向东经横江、六联、黄岐、滘口通往省城广州的必经要道，也是除盐步“省佛通衢”上的五眼桥、三眼桥、烟浒桥等之外，另一条连通广佛的重要桥梁。

平地大石桥的前身是明洪武十三年（1380）始建的简易木桥。明弘治十六年（1503）重修，改用铁力木建造，明嘉靖二十二年（1543）由平地乡贤再合资修建，桥建成后宽八尺多，长十余丈。其时《重修平地大桥碑记》载文清晰，碑署“赐进士第广西提督学校前翰林院编修泰泉黄佐撰”，并由平地黄氏十四世孙应宸篆额。

随着人员往来频繁和商业逐渐兴旺，木桥随之改建为大石桥。其改建于何时、由何人发起修建，虽暂无资料佐证，但已被纳入南海区文物保护单位之列。石桥修筑工艺精湛，造型独特，整体用花岗岩石建筑而成，主桥面用 5 条大型的板块石梁搭建，每条长约 4 米，厚约 40 厘米，重达数吨。两个桥墩分别由 4 条直径约 30 厘米的圆形石柱组成，呈平行四边形状。桥东西两端不砌石级，行人来往像上下缓坡一样，轻便省力，两端均有青石板路与之相连。为保障石桥安全，延长使用寿命，桥两端分别竖立写着“禁止牛只过桥”的小石碑。整座大石桥横跨河面，连接两岸，

美观实用。

大石桥下的桥头涌北接雅瑶水道、南通盐步河，同时与东西向的桥头街连成一线，自然成为平地水陆交通的重要节点。过去，桥上行客、商旅、贩夫络绎不绝；桥下货船、客船往来穿梭，装货卸货、上客落客，一片繁忙。大石桥两边逐渐延伸出一条长600多米、铺满青石板的商业街。桥东街有米铺、药铺、工艺品店等；桥西街则以酒楼、食肆、药馆、当铺、杂货铺为主。桥头街上还有很多小商贩沿街摆摊售卖，有卖鸡鸭鹅鱼虾的，有卖瓜果蔬菜的，有卖“公仔”玩具的，有卖麦芽糖和零食的，一派兴旺景象。

随着桥头商业氛围逐渐向东延伸，清乾隆年间（1736—1795），桥东的横江村也慢慢形成了墟市，每逢农历四、九为墟期。墟市里有商铺30多间，肉类、鱼虾、烧腊、果蔬、咸杂、百货、农具、药材等应有尽有，人员往来频繁，成为盐步区域颇具规模和影响力的一大繁华墟市。

进入计划经济时代，附近四乡的船只都到桥头东面埗头交公粮给粮仓和粮食加工厂，平地大石桥的桥墩曾被碰裂损坏，严重影响石桥和行人安全。自古以来，修桥被誉为积德行善、恩泽后人之举，可谓“修桥补路头一功”。2001年，平地、横江两村善长仁翁慷慨捐资，组织人员对大石桥进行维修养护，用钢筋水泥加固桥墩，在桥面打凿出防滑纹，并立新碑以记载之。虽然自广佛公路建成通车后，大石桥的重要性降低，人员往来减少，桥头街的繁华景象不再，但今天大石桥仍静卧河面，每天便民不懈。

③ 工商齐并举　富庶甲一方

从前，平地以农耕为主，属典型的小农经济。随着水运发展、平地大石桥建成，以及广三铁路和广佛公路的开通，平地得水陆交通之便利，工商业逐渐兴盛，财富不断增加，百姓安居乐业，二十世纪二三十年代就有“小金山”之美誉。

清光绪末年（1908），平地已有数十间制作烛芯的小作坊。北基涌长年浮满从粤西广宁、怀集等地水

平地烛芯基

黄燎徇创办“黄燕南”烛芯厂商号

运而来的一个个竹排，主要为撑杆竹或大茅竹，每条六七米长，经锯竹、开竹、削竹、拣竹、铡竹、搓棉花、过浆和扎烛脚等工序制成烛芯。这种简单的手工生产方式，吸引了大批劳动者在此就业，就连平地的外嫁女也回娘家搓烛芯、扎烛脚赚钱帮补家用，烛芯业逐渐在平地发展壮大。1949 年前，平地大大小小的烛芯生产作坊、私企超 20 家，颇具规模的有村北的黄燕南、黄兆发、裕和、富聚、万聚等五大商号。烛芯以出口为主，产品销往我国港澳及东南亚等地。

1957 年 4 月 25 日，中国为发展经济，打破国际封锁，在广州隆重举办了第一届中国出口商品交易会，平地旅港殷商黄少泉应邀成为首届交易会嘉宾，他正式与佛山土产公司签约，全部承包了平地烛芯的出口经销业务。后来，烛芯出口曾因公司运作问题一度中断，烛芯生产被迫转为爆竹加工，原生产烛芯

黄少泉（二排左一）、黄兆峋（后排左一）一家合影

的车间并入南海炮竹厂。黄少泉、黄兆峋父子的家族是粤港两地著名的烛芯世家，为重振家乡烛芯产业，1958 年初，他们不辞劳苦、辗转两地，几经曲折、竭力协商后，黄兆峋在香港成立广发隆有限公司，打通生产和出口的关键环节，让平地烛芯传统产业得以恢复发展，民众生活也有了保障。

20 世纪 60 年代，平地烛芯加工逐步转型升级为生产蜡烛成品，其时，“龙凤”大蜡烛成为人们结婚喜庆的首选物品。由于受时代潮流冲击，蜡烛产业跌宕起伏，逐渐式微。2003 年 6 月，发展了 100 多年的平地烛芯和蜡烛产业最终画上了句号。

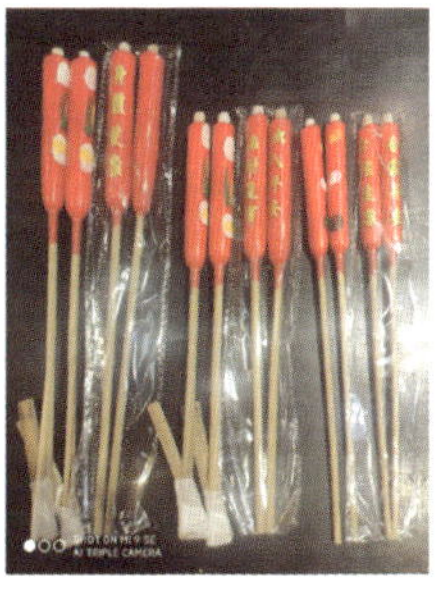

蜡烛产品

搓爆竹壳的木凳（俗称“木船”）

肇始于20世纪60年代初的爆竹加工、70年代初的笊篱编织，与经营日久的烛芯业一道为平地的三大手工产业。其时全村家家户户、男女老少日夜操劳，用辛勤的汗水和灵巧的双手，竭力积攒学费和生活费用，这些手工劳作的场景，成为平地几代人的集体记忆。上述产业在20世纪90年代末至21世纪初，由于企业转制和机械化替代手工操作等因素，陆续退出了平地工业发展的历史舞台。

20世纪50—90年代，是平地工业逐步发展的重要时期。50年代初有石灰窑和粮食加工厂，60年代开办了造纸厂。70年代初，义基村北队开办了锛木厂（“锛”为用电锯等工具切开木材），而道头村在佛山铸造厂的技术指导下铸造生产沙井盖和

原新基冶炼厂

粤海包袋二厂员工

机床配件。当时平地还有轧延厂、喷漆厂。70年代中后期，新基村的黄焕森、黄锐森两兄弟，提议并促成生产队办起冶炼厂，冶炼工业逐渐兴旺起来，至90年代中鼎盛时期发展到45家以上。

20世纪80年代中期，平地大队电线厂在广州电缆厂技师的指导下，生产的“冠球牌”电线质量优、声誉高、效益好，获得国家级认证，主供三水、深圳等供电部门，该电线厂是当时盐步镇的纳税大户。

东风吹南粤，春潮涌珠江。1982年初，平地率先引入“三来一补”企业，创办了粤海包袋二厂，全盛时期拥有员工过千人。1984年，旅港殷商黄理先生回乡开办平地鞋厂和华达鞋厂。这几家企业为平地带来了更多的就业岗位和创收机会。1992年，旅港乡亲黄

1984年，黄理先生开办的平地鞋厂

1992 年，黄智基先生开办的辉雅塑胶厂

智基先生开办的辉雅塑胶厂，还有后来其他商人开办的大新塑胶厂，也为平地的经济发展注入了新动力。

平地商业由来已久，经不断发展，逐步兴旺。20 世纪 90 年代初，“新市”搬至平地大道，建成了占地面积 5333 多平方米的简易农贸市场。2007 年，平地又新建了用地 2 万平方米、建筑面积 12500 多平方米、拥有店铺和摊档 450 多间的大型综合性农贸市场。

平地的商业形态和经营模式不断创新，平地电器城、环球水产市场及平地布匹市场应运而生。值得一提的是，1992 年 9 月，平地经济联社挂靠盐步房地产开发总公司，投资 138 万元建设华辉花园一期项目，用地 1300 多平方米，建筑面积 5000 多平方米，一经落成，即刻售罄。其后几年，平地通过合作和招商引资，引入万基拓展

华辉花园

1993年10月28日，联邦家私总部开张

有限公司与华村经济社合作发展华辉花园第2～5期项目，总用地9300多平方米，建筑面积45000多平方米，有高楼6幢。1998年，平地经济联社独资兴建了华辉花园第6期，用地8000多平方米，建筑面积24000多平方米，高楼6幢。以上投资建设，既振兴了集体经济，也令平地有了城镇化的新面貌。

随着市场经济的快速发展，联邦家私总部巍然屹立，名都大酒店和新阳光酒店拔地而起，平地商贸发展实现了新跃升，为“广佛商贸黄金走廊”的建设增添了新活力。

2003年9月23日开业的名都大酒店为南海首家五星级酒店

1998 年 3 月 28 日，平地电器城五周年庆典盛况

④ 平地电器城　广佛兴盛况

20 世纪 90 年代初，中国经过 10 多年改革开放和搞活经济，老百姓生活水平持续提升，家电消费也进入了爆发期，巨大的社会需求推动了电器市场的蓬勃发展，平地电器城应运而生，名噪一时。

叶伟清，广东开平人，1985—1987 年间在广州市番禺县（今番禺区）市桥易发电器城从事电器批发零售生意，1988 年参与投资番禺大石电器城。在此期间，他认识了很多来自佛山、肇庆和广西等地的客商。当时，广州洛溪大桥尚未建设，他了解到众多客商都要搭轮渡过河才能到番禺大石，有些还需在当地留宿过夜。交通往来既不方便，又增加了交易成本。正是这一发现，让他看到了珠江

1993 年 3 月 28 日，平地电器城开业志庆

西岸蕴藏着巨大的商机。

1991 年，叶伟清从广州滘口开始沿着广佛公路从东向西逐一考察投资环境，寻找发展商机。他看好平地优越的地理位置和交通条件，经与平地村干部友好协商，在广佛公路平地段北面租下 5300 多平方米土地，投资 200 多万元，于 1992 年动工建设平地电器城。同时进行的招商工作非常成功，店铺租户全部来自番禺大石电器城，他们一致认可平地的区位优势和营商环境。1993 年 3 月 28 日，平地电器城第一期正式开业，场面火爆、盛况空前。

电器城设有商铺 200 多间，商品琳琅满目，以批发零售电视机、影碟机、音响、电饭煲、空调、冰箱、电话、电脑等家用电器和音像制品为主，商品大多数为来自日本、欧美等国外的知名品牌，吸引了广州、佛山城区和周边民众，以及肇庆、湛江、广西、云南等地商家前来采购。其时，国内影音文化市场正处于快速发展阶段，音像制品自然也成为平地电器城的又一“大卖点”，销量相当可观。

当时，每天下午 5 点左右，很多广佛百姓骑着自

客户选购电器产品

行车或摩托车前来购买电器和音像制品，店铺从上午8点左右一直营业到晚上10点多，节假日更是人山人海。人流、物流、资金流快速集聚，成交非常活跃，平地电器城成为佛山市第一个颇具规模的家用电器专业市场。第一期店铺每间约15平方米，5年只收一次性租金2万元，很多店主两三个月就收回了租金成本。最火爆时，一间店铺的转手费就“炒”到50万元，很多老板赚到“盆满钵满”。与此同时，电器城也带旺了当地的餐饮、住宿和商贸业。

由于市场兴旺，其后3年间，平地电器城由其他投资者陆续兴建第二至第六期，总用地4万多平方米、建筑面积3.7万多平方米，拥有商铺近1400间，从业人员数千人，鼎盛时年营业额近2亿元。而叶伟清从1998年开始转向紧邻平地村南面的联安村，投资6亿元，经多年开发，建成了用地近47万平方米、建筑面积40多万平方米、拥有商铺2000多间的南国小商品城。

21世纪初，广州、佛山等地大型电器商场如雨后春笋般兴建，电器专卖店和家电连锁店陆续兴起，电器销售市场的竞争越趋激烈，平地电器城这颗“沙子”逐渐被时代“大浪”所淘去。销售行业的规范和文化市场的整顿同步加速了电器城的衰退，销售每况愈下，经营日渐惨淡。2005 年，平地电器城实施市场转型，逐步升级为平地布匹市场，直至 2006 年 3 月第一期项目被拆除改造，平地电器城正式全面结业。

平地电器城从兴起、到鼎盛、终至衰退，14 年间走过的历程是市场经济“优胜劣汰”的有力见证。但它对平地经济的发展起到巨大的推动作用，同时也让珠三角和粤西等地的民众知道了平地这个响亮的名字。

5 佳明公司强　社会贡献大

20 世纪 80 年代，是一个激情燃烧的火红年代，珠三角地区的农民纷纷洗脚上田，通过经商办厂等各种途径发家致富。

1982 年初，平地中心村的黄竞以每年 8000 元的费用，承包了平地生产队已关闭的铸造企业，创办了

20 世纪 90 年代，平地佳明机器有限公司

平地冶金铸造厂，主要为香港加工铸造下水道的沙井盖。1987 年 3 月，他一举收购了国营佛山球铁厂的技术设备，并聘请专业人才前来建造了平地球铁厂，主要生产铸造各类机械的精密部件。同时，再聘请香港师傅前来作技术指导，大量生产注塑机铸件。经过 10 多年的探索实践和资金积累，1998 年 1 月，他成立佳明机器有限公司，先是为香港的注塑机厂家生产加工铸件，后来就直接购进台湾数控设备，倾力推出自有产权的“佳明牌”注塑机。

随着业务不断扩展，影响力也与日俱增。他本想在平地购地 13 公顷以扩大产能，但因平地土地资源稀缺，无法满足其发展需求。2008 年 5 月，黄竞前住佛山市三水区乐平镇购地近 14 公顷，新创广东佳明机器

佛山市三水区广东佳明机器有限公司

有限公司，那几年，产品一直供不应求，为此，他又分两次增资扩产，购地53公顷，致力打造占地合计67公顷的现代化园林式产业园区。12年来，黄竞先后投入20亿元，其中基建投入8亿元，为注塑机与挖掘机部件而投入的数控专机生产线12亿元，并建两条各10千伏的专供高压线路。

佳明公司的精密球铁铸造车间采用“中频炉+球墨铸铁”技术，将生铁熔成铁水，然后浇铸成各类机件，晚上每小时用电1万多千瓦时（“千瓦时”即日常所说的用电量单位“度”），单件铸件生产能力50吨、月产量达3000吨。相应配套了以日本技术加工中心为主体的大型机件加工车间，以及起吊能力达100吨的重型注塑机安装车间，产能和效率大幅提升。

佳明公司具有强大的注塑机研发、设计和生产能力，其三水区注塑机械工程技术研发中心、佛山市精密注塑机械工程技术研发中心、广东省节能注塑机械

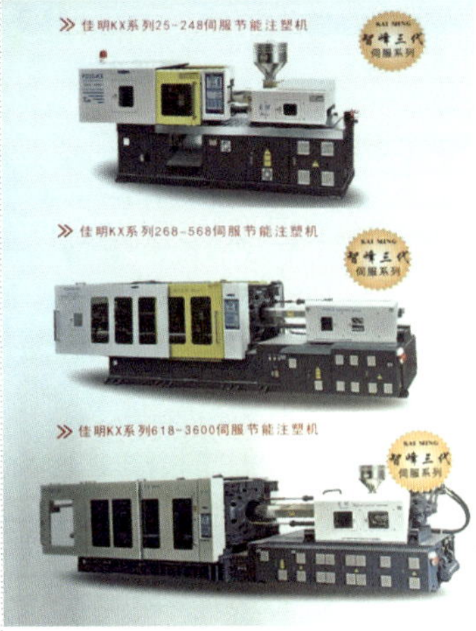

佳明公司生产的先进注塑机

工程技术研发中心和佛山市技术中心，通过引进、借鉴欧美和日本等国家和地区的先进技术，结合我国实际情况，不断进行技改、研发和创新，推出拥有自主知识产权、深受客户欢迎的节能型注塑机。近3年拥有软件著作权2项、发明专利3个、实用新型专利37个，每年至少有5个新技术新产品投放市场。现已开发的注塑机主要有特殊要求专用机、KS伺服二板直压机、高速薄壁机和伺服热固机等10个系列，每一个系列都有大小各种机型，最小机型锁模力30吨，最大达4000吨。产品全部达到国家节能1级能耗标准，纳入国家工信部节能推荐产品目录。其配套的射胶、锁模、控制和备选等智能化系统，具有节能、高速、精密、先进等特点，能高效快捷注塑和吹铸出基建、电器、医疗、农用、食品等生产性和生活性塑料用品。

佳明公司分别通过了ISO9001国际质量管理、ISO14001环境管理、欧盟产品安全、韩国KCS等体系认证，是广东省名牌企业、国际采标企业、国家高新技术企业和全国注塑机优秀节能企业。“佳明牌”注塑机分别获得了广东省著名商标、广东省名牌产品，以及全国注塑机质量过硬放心品牌等称号，现正注册国际马德里商标。不久的将来，佳明公司的注塑机将在世界 46 个国家和地区拥有“佳明”商标权。

佳明注塑机畅销全国各地，并出口美国、俄罗斯、意大利、韩国、印度、巴基斯坦、巴西、墨西哥、中东和东南亚等国家和地区。目前，注塑机生产能力每月 500 台，年产值近 10 亿元，跻身全国行业前五。2020 年 6 月，新增建的注塑机生产车间正式投入使用，未来两三年，月产量达 1000 台，年产值可达 20 亿元。

2017 年 6 月，佳明公司在做好注塑机的同时，开始进军挖掘机行业，经过摸索发展，研制和生产出履

佳明公司注塑机车间

佳明公司生产的挖掘机

带式、车轮式和水陆两用式挖掘机，可满足在平地、公路、山坡、河流、鱼塘和湖泊等条件下的挖掘需求，其采用人性化设计，有着技术先进、安全舒适、节能降耗、操控智能和养护便捷的特点，具有强大的挖掘作业能力，改变了以往挖掘机一直依赖从德国和日本进口且价格昂贵的局面。现年生产量200多台，前景十分广阔。

黄竞是佳明公司的开创者，在他身上充分体现了企业家善于学习、锐意进取的特质和专注务实的“工匠精神”。20世纪80年代初，他在平地众多铸造经营者中，是率先使用稀土和“球墨铸铁”技术的第一人。当年，公司在平地时他使用焦炭进行铸造，搬迁到三水后就使用“中频炉+球墨铸铁”技术，质量和产能迈上了新台阶。1999年，他在华南理工大学工商管理学院进修学习一年，接受了先进的现代经营管理理念，为日后全面提升企业的综合竞争力打下了扎实基础。2016年，他赴泰国参观日本设在当地的自动化工厂，一方面购回了传感器技术，另一方面又令他大开眼界，更坚定了企业走现代化和智能化发展新路子的信心。目前，佳明公司的开发部和研发中心拥有科研人员 100 多人，正研发供我国东北等寒冷地区使用的液冷系统注塑机。科技创新为公司增添了新活力，助推了企业做大做强做优。

黄竞善待 1200 多名员工，公司内部融洽和谐。很多一直跟他开基创业的老员工都对公司充满感情，有些一家两代人都在公司工作，众多高管和车间主任都在乐平镇置业安居。公司建有 4 幢高 6 层、1 幢高 15 层的员工宿舍，员工不用交租金，只交水电费。在当地商场、食肆，人们遇到消费大方的顾客，都认为他们是佳明公司的人，员工们都以在佳明公司工作为荣。

佳明公司 15 层员工宿舍楼

黄竞现已76岁，仍老当益壮。他坚持每天早上8点前回到公司，每看到车间火热的生产场面就特别开心，研发出新产品就更为自豪。他家庭和睦、团结协作，儿女和孙辈分别参与公司的生产、管理、财务、采购、销售、党建和新业务开拓工作。他们齐心协力，专注制造业发展，公司业务蒸蒸日上，正在谋划走出国门到海外投资建厂。黄竞寄望儿孙们不断进取，争取公司早日上市，更希望佳明公司成为未来的"百年老店"。

黄竞的公司虽在三水，但他一直住在平地，他对平地有着深厚的感情。黄竞自小喜欢体育，在平地小学读书时，为该校篮球队"五虎将"之一，毕业后经常参与"友青篮球队"的活动。受其影响，儿子黄焯佳从2017年开始，积极参与并慷慨赞助平地社区每年的篮球、足球等赛事活动，而且承诺持续十年。

黄竞小学毕业后，种过田，做过泥水匠，改革开放后走上了创业发展之路，他是众多平地人勇于拼搏的一个缩影，他的经历与故事将激励人们不懈奋斗、砥砺前行。

6 黄氏集团好　诚信发展快

黄氏集团是一家涵盖纺织、服装、房地产、市政、融资平台、物流供应链等领域的综合性大型集团公司，集团旗下的佛山市名杰纺织有限公司拥有整经、浆染、织布、后整理、实验乃至成品检验等当今世界先进水平的全套纺织生产设备。集团现有员工1000多人，年生产销售各类中高档牛仔布面料6400万码，面料年产值11亿元，服装年产值3亿元。公司以优质的产品和快捷的一对一贴心服务赢得了广大客户的青睐，成为国内外众多服装品牌企业最值得信赖的指定合作伙伴之一。

黄氏集团创始人为平地中心村的黄杰文，其父黄洪辉艰苦创业，积累了“第一桶金”，为黄杰文创建黄氏集团立下了汗马功劳。黄洪辉1949年出生，1962年毕业于平地小学，1965年于南海华侨中学（现南海中学）初中毕业。1968年12月，他响应国家上山下乡号召，去当时的南海县丹灶镇东星大队当知青，初期

位于南海区西樵镇河岗新村的名杰纺织有限公司

做泥水工，后因技艺出色，被任命为大队的建筑队队长。1979年，他结束了11年的知青生涯，分配到南海炮竹厂工作。1991年，他偕妻子罗玲芝去广东省清远县白湾镇开办爆竹企业，为南海红旗炮竹厂加工生产爆竹。1994年，黄杰文参与了该厂的生产经营，业务得到了迅速发展。由于他们诚信待人、经营有道，经过11年艰苦拼搏，慢慢积累了雄厚的经济实力。2000年，广东出于安全考虑，下令全省停止生产烟花爆竹，他们只好关闭工厂回到了平地。

当时，潮汕人在平地经营布匹市场，生意做得红红火火，牛仔布更是畅销世界各地。黄杰文年轻有为，他凭借敏锐的眼光，抢抓这一发展契机，决定加入生产纺织行业。他四处物色土地厂房，在父母的同意和大力支持下，前往南海市丹灶镇建设村，投资200多万元，租建厂房，购置8台织布机，开始从事织布生产。2000年11月，黄杰文创建了超杰织造厂，专门加工生产牛仔布。2004—2008年间又先后成立杰之启经营部、豪启服装纺织公司和三水杰之启纺织浆染公司，并投资顺德浩发丝光厂。随着生产不断扩大和销售业务日益兴旺，2009年3月19日，黄杰文正式成立佛山市黄氏投资集团有限公司，迈开了现代化发展的新步伐。2014年，他通过拍卖程序购得南海区西樵镇河岗新村2.8万平方米土地和厂房，投资1.8亿元，成立名杰纺织有限公司，引进拉经机、络筒机、浆染联合机、防缩联合机、退浆机、丝光机、定型机和洗水机等智能化生产设备，规模和效益大为提高。

2016年12月，黄氏集团进军南海西樵科技工业园，购地近3.5万平方米，投资2.5亿元，建成10多万平方米的先进制造和现代物流产业园区。一方面，引进先进的伽马机、定制浆染联合机等纺织设备，形成强大的生产能力，其生产的牛仔布具有品质优、颜色深、光泽好等鲜明特性，广受客户欢迎。另一方面，自主研发建成能容纳10万吨棉纱的智能化仓储物流交易平台，打造为海关进驻管理的纺织保税仓，为纺织行业客户提供纱线产品线上线下的采购、资金、存储、物流、周

位于南海西樵科技工业园的名杰纺织有限公司

黄氏集团

黄氏集团发展目标

黄氏集团纺织车间

转、装卸、数据信息和行情动态共享等供应链全方位服务，与客户一起共创未来。多年来，黄氏集团屡获国家、省、市纺织行业的众多荣誉称号。

2018 年，黄杰文的儿子黄永豪从澳大利亚学成归来，加入黄氏集团专营牛仔裤的服装生产销售，他创建的靛蓝纹学服装品牌享誉海内外。现在，黄氏集团销售网点遍布广州新塘、顺德均安、南海平地、中山大涌、开平长沙，以及孟加拉，产品销往我国香港、欧美、韩国和东南亚等国家和地区。

2020 年 9 月，黄氏集团对原河岗新村土地厂房实施整体改造升级，投资 4 亿元，建设 11 层、高 75 米、

黄氏集团靛蓝纹学服装品牌

建筑面积达10万平方米的佛山市最大最高综合型工业大厦，即将成为西江河畔工业建筑的新地标。公司引进更先进的生产设备和环保设施，主营浆染、洗水和服装生产，实现客户来版5天内就由棉纱变成服装的快捷生产方式。他们创建现代化大型棉纱销售平台，有效解决西樵镇纺织面料销售难的问题，助力当地政府擦亮“西樵纺织”的金字招牌，全面振兴西樵纺织的上下游产业。

黄洪辉关心和支持儿孙们创业发展，功成身退后，常怀感恩之心。2019年12月26日，为纪念他上

正在建设的黄氏集团综合型工业大厦

山下乡51周年，他与当知青时相识相知相爱的妻子罗玲芝回到了丹灶镇东星村摆“通村酒”（即请全村人吃饭饮酒），筵开70席，衷心感谢乡亲们当年的照顾和关爱。罗玲芝是黄洪辉的贤内助，二人同心、夫唱妇随，勤俭持家、协力相助。她心地善良、孝敬公婆，养儿育女、言传身教。每年黄氏冬祭，她都主动捐款赞助。

黄杰文自小受父母熏陶教导，为人务实、勇于开拓。二十载风雨兼程，二十年创新发展，黄杰文始终秉持“创百年企业，建一流品牌”的理念，大力推行“努力工作，快乐生活；创造财富，分享人生”的企业文化。他善待合作伙伴和广大顾客，并努力为员工提供稳定收入和良好的发展平台，主动组织骨干员工到全国各地、马尔代夫、马来西亚、日本等地旅游和开展团建活动，增强员工的归属感和向心力。

黄杰文注重人文关怀，曾组织内部募捐活动，为特困员工纾难解困；“六一”儿童节前组织慰问困难儿童，送上人间温情。他十分孝顺和悉心照顾父母。作为黄氏大宗祠管委会荣誉会长，他热心黄氏族务、重

黄氏集团企业拓展活动

振族声，带头赞助平地“黄群英社”醒狮队的活动，其业绩和善心双馨，不愧是黄氏一脉的后起之秀。

⑦ 友银经营活　开发工业城

广东省台山市是全国著名的“华侨之乡”，其辖下的端芬镇距离平地仅 120 多千米，地理优越、交通便捷，具有各种优惠政策和良好投资环境。陈溢松投资合作开发的友银龙山工业城，就坐落于青翠的龙山脚下。工业城总体规划用地 333.33 公顷，是台山市颇具规模的现代化工业园区。

陈溢松，平地新基村人，1947 年 10 月出生。1964 年从平地小学毕业后，年仅 16 岁的他随即进入新基村办冶炼厂工作，1971 年开始负责厂里的采购业务。农忙期间，他还要回家帮忙插秧或收割。由于踏实肯干、工作出色，他很快成了厂里的管理和业务骨干。

作为采购员，他走南闯北，联系货源，不到 20 岁就走遍全国各地，见识和能力不断丰富提升，是当时村民羡慕的“供销佬”。最初，他主要在华南地区奔走，负责采购铜、铝、铅、锡、锌等废旧原材料回来，加工成复锭后由原南海县物资局全部收购。1975年，平地大队成立工业总厂，实施“五统一”制度，将各生产队的集体企业收归工业总厂管理，再下派干部到各企业当厂长。陈溢松继续从事工业总厂有色金属的采购业务，经常到广佛两地、湖南、湖北、广西、江西、浙江、上海等地出差，这段时间成为他供销生涯中游历最多、见识最广的黄金时期，也是他积累人脉关系、经受人生历练的重要阶段。

20世纪80年代初，改革开放的浪潮席卷全国，经济触觉敏锐的陈溢松毅然下海创业，决心干出一番事业。1982年，他看到有色金属和铝型材行业在广佛地区发展迅猛，便开始做起了铝型材和铜材的买卖生意。1984年，他在广州芳村选址成立广州盛发贸易有限公司，主营有色金属和铝型材产品贸易，成为当时业内第一批敢“吃螃蟹”的人。他主要从广东省铝型材厂、广州铝型材厂、广州铜材厂、大沥华联铝型材厂、大沥联益铝型材厂等大型知名企业采购产品，然

三水大塘工业园标志

后通过铁路运输销往全国各地，远至新疆和内蒙古。由于人脉广、信誉好、产品优，生意做得“风生水起”，同时也积累了一笔雄厚的财富和资源。1992 年，其儿子陈志乐也进入公司参与管理，正式开启了他们“父子兵”经营企业的时代。

随着经济的不断发展，工业生产逐渐向规模化、现代化发展，工业厂房的需求也越来越大，大型工业园区更受到众多生产企业的青睐。2000 年，陈溢松、陈志乐父子抢抓发展机遇，实施企业转型，开始向工业房地产领域进军。2001 年，他们成立佛山市友银投资有限公司，与原佛山市三水市大塘镇合作打造“三水大塘工业园”，对 1333 多公顷土地进行合作开发、建设和运营，直至 2008 年结束。如今，大塘工业园已成为当地经济发展的重要支撑，整个园区厂房林立、热气腾腾。

2013 年，他们将目光聚焦到政策优惠和土地资源较为丰富的“侨乡”台山市端芬镇，谋划和实施投资一个占地面积 333.33 公顷的工业园区。他们成立台山市友银投资有限公司，购置了龙山脚下 166.67 公顷的

友银龙山工业城标志

荒地和小岗地，分两期开发建设呈带状的“友银龙山工业城”，主要是在完成“七通一平”后分别转让给生产企业兴建厂房和生产经营。现时，一二期园区已进驻企业 39 家，有安信电器、冠艺包装等大型生产厂家，整个园区年总产值约 50 亿元，第三期 166.67 公顷建设用地正积极洽谈中。同时，友银公司兼营工业园区的物业管理，并着手在周边的三合镇、海宴镇推动房地产、农旅、康养等项目，公司业务逐步向多元化拓展。

陈溢松、陈志乐父子热心公益慈善，积极回馈社会。从 2014 年开始，他们先后资助台山市端芬镇的

友银龙山工业城一期项目冠艺包装公司

友银公司获得的慈善公益奖牌

12名贫困大学生。每年重阳节，分别给予当地上泽、西泽、庙边三个村3000～5000元的“敬老”赞助。2016年，陈志乐当选为台山市政协第十三届委员，现为世界五邑商会第二届副会长，为当地经济社会发展贡献了一份力量。

8 拼搏潮汕人　抱团创佳绩

在平地2.67平方千米的土地上，居住着约1.6万潮汕人，他们主要来自汕头、潮州，更多是来自揭阳的普宁市。他们都讲着潮汕话，被统称为潮汕人。这些有着“东方犹太人”之称的潮汕人，天生就具有做生意的头脑和经商的基因，尤以善于经营小生意而著称于世。他们吃苦耐劳、敢想善干，坚守着“宁可睡地板，也要当老板”的信念，在平地这个人生地不熟的环境里艰苦谋生，抱团发展，创造了平地布匹市场的繁荣。

20世纪80年代初，一群敢于拼搏的潮汕人在平地村租下几间破旧的砖瓦房，找来几个老乡或省外民工一起苦干。他们经常去广州的十三行、光复路、沙河豪畔街等地采购制衣原料，回来后就用五六台缝纫机没日没夜地搞制衣、做服装。制作出成品后，由老板骑着自行车、载着大捆小包的成品服装到广州高第街、广州火车站服装城、沙河服装城等著名集市销售。在物质短缺的年代，他们制作的衬衣、汗衫、裤子、“太空褛”（粤方言地区叫法，一种类似羽绒的外套）等产品十分畅销，一年下来就有 7000 ～ 8000 元的利润收入，效益好的年头可超 1 万元，这为他们积攒下创业发展的“第一桶金”。尽管尝到了甜头，但他们仍恪守着勤俭节约的传统，平时吃着当地人嗤之以鼻的“猪头皮”，住着逢雨漏水的“三合一”砖瓦房，他们深知一件衣服才赚 1 元钱所饱含的艰辛与汗水。

随着制衣行业的不断发展，一批敢闯善干的潮汕人，在平地道头村开始做起了碎布和制衣配件买卖生意，成为平地布匹市场交易的雏形。当时，他们以较低的价格，从广东珠海、湖北、江西、浙江和黑龙江等地大量购入各类碎布、边角料和制衣配件，转卖给

2004 年 1 月，平地布匹市场举行庆祝活动

2004 年 5 月 17 日，华辉纺织城开业志庆

当地和周边地区的制衣作坊及厂企，生意十分兴旺，利润相当可观，一年便可赚下几十万元。因此，越来越多的潮汕老乡到平地干起布匹生意，交易范围逐步拓展到平地大道、华辉东路等商铺，甚至延伸至横街窄巷的村屋里面，自发形成了交易集聚。这些潮汕人靠着亲戚支持、朋友帮助和行家引领，短短几年间，经营的商铺从原来的七八家迅速增长至二三十家，买卖的品种从单一的碎布，发展到种类繁多的牛仔布、化纤布、棉布、灯芯绒布等各类品种。

20 世纪 90 年代初，盐步镇政府和平地管理区看到了布匹贸易的广阔前景，开始借势打造布匹专业市场。由平地集体出资或鼓励社会投资，20 年来先后建成了华辉纺织城、平地牛仔城、平地国际轻纺城等 9 个交易市场。

在发展过程中，潮汕人同声同气、相互照应，互通信息、共享资源、资金帮扶的特点在他们身上展现得淋漓尽致，抱团经营的“族群生意”越做越大。可

平地布匹市场之国际牛仔城

以说，平地布匹市场就是潮汕人打下来的“天下”。如今，平地布匹市场内商铺林立，布料、配件琳琅满目、种类齐全、成交活跃。尤以牛仔布面料销售最为红火，成为中国最大的牛仔布集散基地，吸引了全国各地以及印度、孟加拉、斯里兰卡、南非、越南等国的商人前来采购。

近年来，互联网技术和电子商务迅猛发展，美国、日本、意大利等国的采购商纷纷从这里网购牛仔成衣。据统计，平地布匹市场共有商铺2000多间，从业人员约2.3万人，年销售总额超200亿元，同时有效拉动了当地物流、住宿、餐饮、地产和商业等的繁荣发展。

牛仔布匹

牛仔布服装

三十多载摸爬滚打，三十多年逐梦奋斗，潮汕人借助天时、地利、人和，一马当先，闯出了新天地，创造了商业传奇，并在平地落地生根。他们感谢当地政府在工商、税务、教育、服务等方面给予的政策支持，感激平地人海纳百川和开放包容的态度，让他们在这里牵住了梦想、站稳了脚跟、活出了模样。他们常怀感恩之心，积极参与当地建设，推动文化共融，热心公益事业，捐资助学数十万元。罗敏丽一家五口从普宁到平地生活十五载，夫妻俩诚信经营、助人为乐，2019 年被评为“平地社区十佳好家风”家庭。这

2019 年，罗敏丽家庭被评为“平地社区十佳好家风”家庭

样的潮汕人或潮汕家庭在平地不胜枚举。

今天，成千上万潮汕人的第二代、第三代出生于平地、读书于平地、就业于平地，甚至入籍于平地。他们的语言口音、生活习惯、思维方式、价值取向与平地人融为一体、不分彼此，成为共建平地美好家园的新生力量。

第四篇　崇文传久远　诗乐韵悠扬

文化体现一个地方的精神品格，诗礼传家是一个家族或地方最深沉、最持久的精神力量。正是得益于经年累月以德润心、以文化人的滋养，平地这个人文古村落得以源远流长。

1　学童拜魁星　祠堂诵琼林

我国自古以来就是一个农业大国，几千年来的农耕文化逐步演变成一套以耕读文化为主线的社会体系：农民—学生—考学入仕—功成名就—解甲归田。如此周而复始，一代一代地延续下来，成为人们血脉流淌的基因。一个家庭无论人丁众寡、经济贫富，都想让孩子上学识字。这种“学而优则仕”的传统成了每一个家庭的热切盼望。

崇文的风气衍生了书塾的繁荣，平地以黄氏族人开村办学为历史之始。始祖黄适中（德政公）在宋高

存放在平地观音古庙的文昌塔遗石

20 世纪 20 年代的平地文昌塔

宗年间高中进士，其六世孙黄文聚继而又高中进士。族人秉承先辈崇文重教之风，素以“读书遍闾里”见称。该村的“安定社学”首开平地私塾教育之先河，在其带动下，私塾蓬勃发展。1912年前，平地境内所开设的私塾颇多，南安书院、厚吾公私塾、北溪私塾、如山公私塾、樵峰私塾、焕然私塾、黄慎如书室等数十间教育场所遍及各村。它们普遍以祠堂为课室，环境清幽，管教严格，为莘莘学子读书的理想场所。

中国古代讲究礼制，读书人皆尊孔子为万世师表。按俗例，学童入学前要穿上新衣服，先拜神祀祖；再到文昌塔拜魁星，行开笔礼，以祈读书聪敏；开学日，要向塾师行拜师礼。家长还带用糯米做的“薄撑”（即软薄饼）置于学童椅子之上，让“薄撑”粘住学童的屁股，俗话说：“新学生，屁股粘薄撑”，

就是期望学童不离开座位，勤奋读书。

鉴于学童入学先后和年龄大小的差异，教学内容也会由浅及深地因材施教。国文课以学习《三字经》《百家姓》《千字文》《幼学琼林》及“四书五经”等经典为主。教学方式是老师先教读课文，学生跟着读；之后，学生要抄写和背诵课文。算术课以教珠算为主。学珠算，要先由老师教读加减乘除口诀，然后边教打算盘边练习，学生要抄写、背诵和默写口诀。老师还教写毛笔字。凡规定要背诵或书写的，学生若背诵不流畅，或书写不规范，会被老师用戒尺打手掌，再跪于孔圣人像前，以示惩戒和警醒，此举意在鞭策学生用心学习。

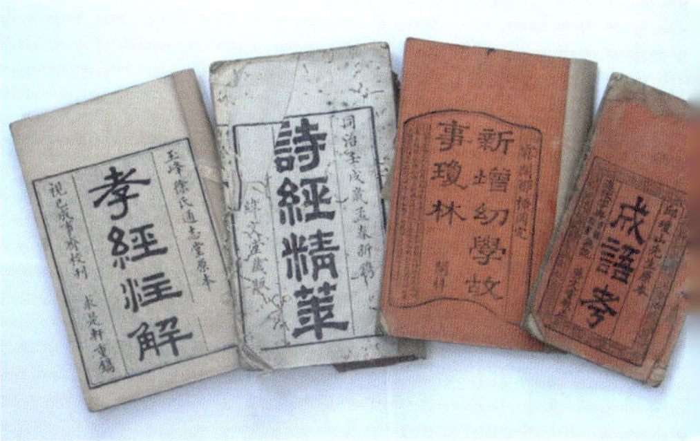

古时私塾教材

古代私塾所传承和教化的“仁、义、礼、智、信”等儒家思想，与今天大力倡导和践行的文明、敬业、和谐、诚信、友善等社会主义核心价值观有异曲同工之妙。

❷ 学正启风尚　世代蕴书香

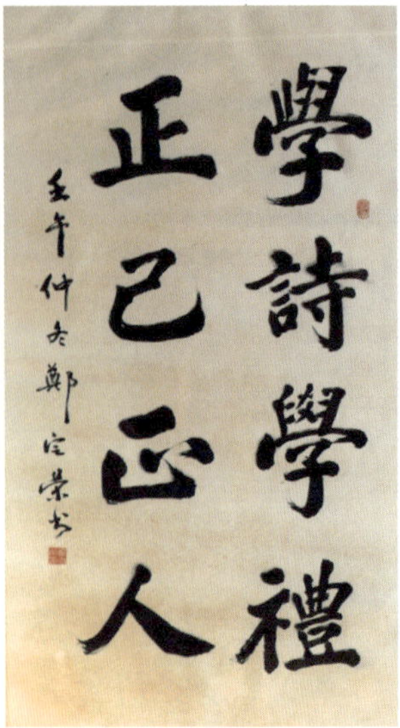

学正村黄氏族人祖训

“学诗学礼；正己正人”是昔日挂在学正村文昌塔门前的一副对联，学正族人世代谨记此祖训，始终秉承崇文重教、读书兴族的传统。族中订有完善的开办义塾和家族学堂规例，并储备充足的基金以维持，学童每年有领取笔金的定例，考取功名或获取高学位者均有额外奖赏。正是由于学风浓厚，在学正村 700 多年的繁衍发展中，文脉一直昌盛，族人屡获功名。

自明嘉靖二年（1523）以来，村里共有黄文庆、黄嘉端、黄嘉礼三位进士和黄煜、黄澌瀚、黄敬祐三位举人，而黄敬祐与其两儿嘉端、嘉礼更有“父子兄弟同登科”之誉，一时传为佳话。

学正村进士黄嘉礼画像

近代以来，学正村涌现学者无

黄任恒先生

数，可谓英才辈出。

黄任恒（1877—1953），字存忠，别字秩南，号述窠，少时就读于广州越华书院，师从名儒丁仁长。他一生不事科举，以布衣而专志读书。20 世纪 50 年代初期，广州市副市长朱光曾驰书聘请他任广州市人民政府参事，但始终未到职。在黄任恒隐居的广州海珠区保粹堂内，珍藏有书籍 6 万多卷，他是资深的地方历史文献学者，毕生致力于研究和著述地方文献，内容涉及古典文学、历史、考古、金石、医学及古籍目录版本学等领域。其编纂和出资印刷的《南海学正黄氏家谱》于清宣统三年（1911）出版。黄任恒精通诗文，与黄佛颐、黄祝蕖并称广东“三黄”。他一生著述甚丰，计有《后汉书注引书考》《三国志注引书考》《辽代年表》《番禺河南小志》《西樵山名胜专志》等著作 40 多种。其中《番禺河南小志》共 9 卷约 32 万字，详细记述了当时广州珠江南岸（现海珠区）一带的地理、古迹、物产和人物情况。该书于 1945 年完成编

黄朗川先生

黄浩川先生

纂，后存于广东省立中山图书馆，1990 年由广州市海珠区人民政府编印出版。

黄朗川（1878—1954），字绍贤，出生于江苏省。他 18 岁考入中国海关总署，从初级见习生、关员、帮办、署理税务司升至副税务司，是 1931 年 7 月前全国海关系统中第一位华人最高级别的副税务司。他先后在上海、天津、杭州及苏州海关任职，主要负责估值和统计工作，精通业务，能力非凡。其后于 1948 年赴台湾，此后发挥余热推动英语教学，1954 年在台湾逝世。

黄浩川，字绍良，年轻时为“赤脚邮差”，曾骑马沿“丝绸之路”建驿站，民国时期任南京邮政总局局长，是中国首位华人邮政局局长。在他之前，邮政系统是法国人行政，须用法文，他就任后即改为以中文行

黄朗川、黄浩川先生捐资修建的至正桥

政。1945 年抗战胜利后，他以全权专使身份，多次代表国家出席万国邮政联盟大会。朗川、浩川两兄弟虽长期身处外地，但始终不忘家乡族人，两人于 20 世纪 30 年代合资修建学正村公路和平地首条用钢筋混凝土建造的至正桥，连通广佛公路，解决了乡亲父老出入不便和行路之苦。

黄振谦，毕业于武汉大学化学系，任职于中南工业大学，继任中南大学教授、研究生导师及化学电源与材料研究所所长，从事物理化学与电化学教学研究 40 多年，在高能电池、新型功能材料与工业产业化领域成绩显著。他在 1986 年研制出国际首款实用型不含汞碱性锌锰电池及专用无汞合金锌粉，并获发明专利；1988 年开始进行高性能稀土储氢材料及镍氢电池研究，成功研制出具有国际先进水平的高性能混合稀土储氢材料，并于 1999 年获得省级科技进步一等奖。他先后发表优秀论文 30 多篇，多数被列入美、日、俄文摘索引，其中一篇题为《镍锌电池》的论文入选《中华优秀科学论文选》，其本人被列入《世界学术文库・华人卷》。

黄秉乾，出生于上海，1948年毕业于上海育才中学，1952年在台湾大学毕业后赴美深造，1956年获美国弗吉尼亚州理工学院硕士学位，1960年获俄亥俄州立大学博士学位。黄秉乾1965年开始任教于约翰霍普金斯大学，是生物化学、分子生物学和生物物理学教授，专长于分子遗传学，主要研究逆境反应基因调控、金属硫蛋白结构与功能、基因群分析及生物资讯，有《遗传医学及预防医学》《遗传工程》等多本著作及学术论文近200篇。他是一位在生命科学领域颇有建树的科学家，先后参与建立我国台湾“中研院”分子生物研究所及首创清华大学生命科学院；曾担任台湾“中研院”咨询委员、台湾长庚医院医学发展顾问、清华大学学术顾问、北京大学荣誉客座教授、云南大学与台湾交通大学荣誉教授、台湾辅仁医学院荣誉院士。1986年，黄秉乾与夫人黄周汝吉教授同时荣膺台湾“中研院”院士。

黄秉聪，出生于上海，在香港长大，师从华罗庚、张里千和林少宫。黄秉聪原为华南师范大学数学系副教授、中山大学计算机系兼职副教授、华南微电子研究所教育软件研究室主任，在代数、数理统计、组合数学和程序设计等专业颇有建树。1981—1983 年间，他赴美深造，先后在加州大学伯克利分校、加州州立大学北岭分校及纽约州立大学进修，论文分别在北京国际植物学会议、成都中国数学年会、纽约美国数学年会及印度国际组合数学及其应用会议上发表。1986 年他移居美国，但乡梓情重，对国事家事十分关心，出任当地华人联谊会创会会长，是庆贺 1997 年香港回归、纪念中国人民抗日战争胜利暨世界反法西斯胜利六十周年、四川汶川地震募捐筹款等大型爱国公益活动的组织者。2006 年，他荣获加州政府颁发的“亚太裔杰出社区领袖奖”，同年 6 月成立“中华大族谱协会”，开创了以互联网为平台研究中华谱牒的先河。2016 年 6 月 13 日，协会更名为“中华大族谱学会”，是目前世界上备受欢迎的多种语言网上谱牒平台之一，为世界各地华夏子孙寻根问祖提供了史料依据。平台现已建有孔、孙、钱、林、刘、李、袁、方、黄等过百姓氏的家谱与族谱。

黄永杰，生于 1933 年 7 月 8 日，曾任香港大昌

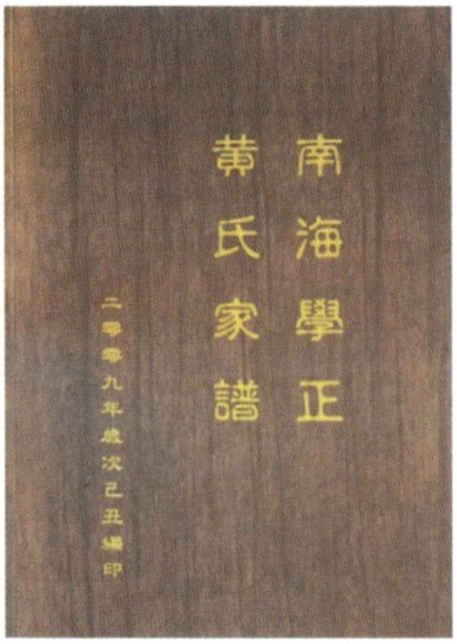

黄永杰、黄冯绮华等族人编撰的《南海学正黄氏家谱》

贸易行建材部高级经理，一生热心公益，乡梓情浓。1999年，他独资5000元重建学正村“进士牌坊”。2006年，他倡建“学正村黄氏大宗祠基金会”，以解决节庆习俗聚会之开支；同年，黄永杰、黄耀棠和黄耀锴三兄弟分别将祖居翻新，并将出租新居的收入捐给基金会使用。2007年，有感于乡亲父老重修大宗祠的群策群力，叔父莪沚公黄赞菁十年如一日持续寄来学正村乡情书信、诗词等资料的坚守，以及先辈秩南公黄任恒编修《南海学正黄氏家谱》的毅力，黄永杰偕妻子黄冯绮华，与黄振谦兄弟一起毅然走上了重修家谱之路。历经三年的寻根问史，以及与海内外族人互通信息，2010年1月，新修的《南海学正黄氏家谱》成功出版。该家谱除完整编撰学正村黄氏的历史内容外，首次收录了女性族人的资料，别开生面地增添一幅由黄振谦绘制的“1940年前南海平地乡学正村平面图”。更具时代性的是，新家谱得到了学正族人、美国“中华大族谱协会”会长黄秉聪的支持，登上了协会网站，让五湖四海的学正族人能在网上寻根问祖，寄托思念。

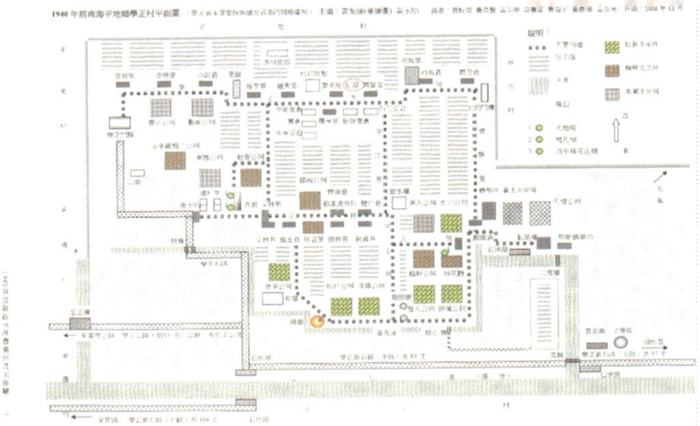

1940 年前南海平地乡学正村平面图（黄振谦绘制）

崇德尚文传世代，英才雅士遍九州。七百多载时光流逝，学正族人以其世代流芳的墨卷书香，为平地乃至南海的历史留下浓墨重彩的一页。遍布海内外的学正族人在学术、教育、科研等领域发光发热，贡献着聪明才智。

3 爱心护蓓蕾　花开新时代

百年树人，始于幼学。平地十分重视幼儿教育，1949 年平地德政小学已附设幼稚班，对学龄前儿童进行集中教学。

1953 年，平地以涧石黄公祠为园址开办了第一间幼儿园，是当年较为正规的幼儿教育机构，纳入南海县幼儿教育统一编制，称南海县第二幼儿园。园内设置儿童滑梯及摇荡船等玩乐设施，

1950 年，黄燕琼老师与幼稚班小朋友在德政小学

1950年，黄燕琼老师带小朋友做早操

1950年，黄燕琼老师与小朋友在一起

1955年，平地幼儿园第二届毕业全体员生留念

4～6岁学前儿童可入读，幼儿约有40人，统一配穿印有该园标记的小围裙。平地小学选派老师负责管理与教学，教习简单识字、写字、算术及歌舞等基础内容。该园开办了约三年，后停办。

1958年9月，平地以南社药轩祠和成福祠为园址开办大队托儿所。幼儿免费入托，一切费用由大队承担。托儿所设有饭堂，有简单的儿童娱乐设施，入托幼儿的年龄参差不齐，幼儿最多时人数近200人。1960年该托儿所又停办了。

20世纪60年代初，各生产队设法自行解决幼儿托管问题，分别在祠堂、队部和厂房因地制宜，配备简单木椅笼、摇木马、小玩具等设施，尽量给小朋友营造健康快乐的成长氛围。60年代中期，平地大队在新市直街口的菊庄祠复办幼儿园。1986 年，投资 7 万元在该祠前的空地兴建一座砖混结构、高 2 层共 4 间课室的平地幼儿园，总面积约 440 平方米，有开阔的活动游戏场地，设置滑梯、摇板、儿童篮球架等设施。幼儿园配备专职幼师和员工，分大小班和学前识字班，最多时有学童 200 多人。

1998 年，平地成为南海第一批引入社会力量发展幼儿教育的地方。平地村投资 300 多万元于冯边村前建设新的幼儿园，用地面积 6600 多平方米，建筑面积 5300 多平方米，户外活动面积 3000 多平方米，园舍布

平地幼儿园

平地幼儿园内景

局合理，环境幽雅整洁，是孩子们学前启蒙、快乐求知的开心乐园。

2016 年，该园按照南海一级幼儿园标准要求，再投资 400 多万元进一步完善软硬件配套，整所幼儿园更加标准化、规模化和现代化。幼儿园现有小班、中班、大班各 6 个，设音乐舞蹈、综合游戏、图书、科学、美工、午睡、盥洗等功能室；配套戏水池、玩沙池、攀爬区、娱乐区、大型户外运动区、预制型跑道等活动场所，环境更优美，设施更齐备。该园践行“游戏启智，快乐成长”理念，幼师们都富有爱心，懂得呵护孩子的童真与天性，让他们在玩中学、学中

小朋友在读书

小朋友准备绘画

小朋友接受爱国主义教育

小朋友在玩“老鹰抓小鸡”游戏

玩，从而形成活泼开朗的性格，从小培养懂礼友善、好学上进的良好品质。小朋友们像花儿一样在阳光雨露下茁壮成长。

4 春风沐桃李　化雨育英才

20 世纪初，随着西学东渐，中国社会发生了深刻变化。平地各村顺应历史潮流，相继开办各类新式小型学校，如平地中心村的德政学校、学正村的十三保国民学校、华村的初级小学、黄边村的学堂、麦边村的初级小学、泗沥村的育才小学和益智小学。1927 年，平地中心村旅港殷商黄渭颂及族人，以始祖德政公之名创办了德政学校。校舍由文达黄公祠、北山黄公祠与两间课室组成，配有礼堂、教师宿舍、童军室、接待室和运动场。黄渭颂既当荣誉校长，又热心赞助学童免费入学。1948 年，德政学校扩建为德

20 世纪 20 年代的德政学校

1948 年，德政小学奠基石

1948 年，德政小学学生身着童子军服装参加第十九届毕业同学合影

政小学，广州“十二甫黄”捐出紧邻的桑园，以作扩校使用。开工动土之时，时任广东省教育厅厅长姚宝猷题写奠基石，并出席奠基典礼。新校设计科学，布局合理，建东西两排各四座的独立课室，外设四面回廊，南北间隔花圃，两排课室之间为开阔广场，原计划还建礼堂和游泳池，后因故搁置。学校富有园林特色，植有仁面树、木棉树、石栗树、白榄树、榆树、榕树和芭蕉树，绿树成荫、环境优美。教师热爱教育、悉心育人，学生尊师重道、德智体全面发展。童子军为该校一大特色，有统一制服和童军帽，经常操练，凡升旗仪式或对外礼仪均由童子军仪仗队负责进行。德政学校为当时南海颇具规模、设施完善的乡村学校，曾被南海县国民政府评为“办得好的学校”。

1949 年，德政小学校门

1952 年，按照人民政府教

2009 年，欧阳励老师精心制作的原新旧德政学校模型，可惜因保管问题有所损坏

育调整政策，德政学校从私立转为公立，同时各村小学均停办，全部并入南海县第三区平地乡第一小学。由于学生和老师突然增加，曾一度利用梅坡黄公祠增设课室，将涧石黄公祠的厢房作教师宿舍之用。1954 年 10 月，时任广东省人民政府代理主席陶铸到平地视察调研时，曾在平地小学图书馆留宿。

因顺应社会形势发展，平地小学也经历了很多变化，曾效法苏联采用 5 分制考核，“大跃进”时期开办过学生集体食堂，设置过五年制，开展过学生支农，附设过初中班乃至短暂的高中一年级一个班，后期甚至还办过藤厂或出租校舍用作各类加工场。

改革开放后，平地小学进入了快速发展的新阶段。1987 年，在当地政府推动下，由旅港南海平地黄氏同乡会集资建成德政教育大楼，同时成立平地（德

1987 年，旅港南海平地黄氏同乡会捐款建成的德政教育大楼

黄理先生捐建的麦淑贞纪念楼

政）小学校友会，时为南海县唯一正式办理注册的小学校友会，旨在筹集教育基金实行奖学助教，发展会员 500 多人。1998 年，该会因政策所限而未能通过重新审核登记，其教育奖学基金运作至 2005 年结束。1990 年，旅港乡贤黄理独资捐建一座 3 层 6 个套间的教师宿舍大楼，并命名为“麦淑贞纪念楼”；同步建设的，还有由镇政府与管理区支持拨款并发动社会热心人士捐款兴建的一座 3 层 6 室的教学大楼。1994 年扩建 4 层 16 室的德政教学大楼，4 座重建的单间课室分别由旅港乡亲黄理、黄庆象、黄一雷和黄冠瑛捐建，同时改善了运动场和绿化环境。1996 年，兴建 8 层教师宿舍。1998 年，兴建一座新的 4 层 16 室的教学楼。2003 年，扩建综合教学楼等。数十年来，港澳同胞、海外乡亲和社会热心人士共捐资数百万元，平地社区投资超千万元，力促平地小学的发展与提升。2005 年，平地小学晋升成为广东省一级学校。

一直以来，平地小学坚持立德树人、教书育人的

黄汉和（左一）、陈炳均（左二）、欧阳励（左三）、林方（右一）、冯语林（右二）和原绍华（右下）六位老师在平地小学

宗旨，始终保持良好的校风和学风，很多优秀老师无私奉献，作育英才。邹柱钤，学识渊博、作风严厉；李秋满，忠诚于党的教育事业；欧阳励，倾情赋予学生美术音乐之美；陈炳均，循循善诱、诲人不倦；李凤群，因材施教、和蔼可亲；张汉槐、林方和陈大森，着力培养体育人才。春风化雨，硕果满枝。

黄宇恒

平地小学众多学生在全国、省、市、区、镇等获得作文、数学、书画、体育、艺术表演、建筑模型、航空模型等无数奖项。1993年，平地小学学生黄宇恒数学成绩优异，曾获全国数学奥赛一等奖、第四届全国数学“华罗庚金杯”复赛一等奖。

现在，平地小学用地已扩到

2007 年 7 月，平地小学参加全国机器人比赛获小学 FVC 冠军

2008 年 10 月，平地小学参加广东省青少年 VEX 机器人选拔赛获冠军

15000 多平方米，建有 3 座教学楼和 1 座综合大楼，设有视频教学、计算机、自然科学实验、美术、音乐、舞蹈、藏书、机器人、建模、语言艺术训练和心理辅导等 20 多个功能室，配套设施先进、齐备，有教职工 90 多人，教学班 32 个，学生 1400 多人。平地小学先后被评为全国中小学科学教育体验活动示范学校、中国青少年素质教育研究实践基地、广东省义务教育标准化学校。学校学生曾获得 WER 世界锦标赛小灵感大创意特等奖、WER 国际锦标赛积木机器人比赛一等奖和金牌、亚洲机器人比赛

2008 年 5 月，平地小学参加 VEX 机器人世界锦标赛获最佳创作奖

2013 年，平地小学获世界教育机器人大赛 WER 国际邀请赛小学组一等奖

一等奖、全国建筑模型比赛一等奖、小小科学家比赛一等奖等众多奖项。

20世纪80年代初，平地、横江片区仅有横江一所初中学校，规模较小、学位紧缺，办学质量一般。为此，盐步镇政府拟对横江中学进行扩建，但受土地条件制约无法实施，唯有选址广佛公路平地段北面新建平地中学，初期用地面积2.6万平方米。1986年，平地中学建成，唐钜锵为首任校长，冼旭辉任副校长，招收初一年级6个教学班，同年横江中学停招新生。1987年，平地中学完成扩建，增开初二、初三年级；同年，横江中学停办，初三级学生整体转到平地中学就读。经过十年的建设和发展，至1996年，该校建有校舍面积8000多平方米、运动场面积2500平方米，办学规模有教师66名、教学班19个、学生近1000人。

平地中学重视教风学风建设，积极引入具有中级职称以上的教师，打造高素质教职队伍。学校强化学生培养，狠抓教学质量，每年中考上线率高于南海平均水平。尤其是学科第二课堂开展得有声有色，每年为高一级学校输送了许多优秀的艺术类学生。平地中

平地中学

平地中学校园环境

学曾开过校办工厂，生产和经营电子零件、丝印、模具等产品，后于20世纪90年代后期全部停办，全面回归教书育人主业。

2004年，盐步镇优化教育资源，将平地中学合并至盐步第三初级中学，结束了该校18年的办学历程。平地中学见证了一代人的青葱岁月，它是很多青少年逐梦的新起点，同时也成了平地人和横江人一段难忘的回忆。

5 为人当师表　杏坛谱华章

黄炼和（1939—2007），平地中心村人，广东师范学院毕业，曾在海南华侨中学、南海里水高级中学任教。他于1979年调到南海石门中学，先后任教研处副主任、副校长等职，1995—1998年任石门中学校长及党支部书记。黄炼和当选为南海第六、第七届政协委员，被评为广东省先进教育工作者、广东省特级教师，获得国务院特殊津贴。

南海石门中学

石门中学创办于1932年，历史悠久，一直拥有良好的校风、一流的师资和优质的生源，是南海培养人才的摇篮，也是名满南粤的高级中学。黄炼和视教育事业为宏基伟业，堪称南海教育改革的带头人。他善于学习与思考，在历任校长打下的基础上，把先进的教学经验通过各种制度与机制的变革，形成更大的“学习场”。他制定了一系列全面优化学校教育管理的措施，大力推行“杏坛（名师）工程”“青蓝（名生）工程”和“示范（名校）工程”，开展了以“立念、立德、立业、立说”为主要内容的“四立”教师培训。一方面激发教师从教热情，让教师在教书育人中获得存在感、价值感；另一方面通过课题研究、教学研修鼓励教师将积累的经验提炼为“成果”，提升教师的专业成就感。

学高为师，德高为范。黄炼和始终秉持初心，勤勉敬业，他大力改革课堂教学，提出了“以科研为主导，培养智能为核心，提高素质为宗旨”的教学理念。他坚持抓好基础，坚持突出重点，坚持启发引

黄炼和校长

黄炼和正在办公

导，坚持讲练结合，坚持因材施教，坚持教学科研。黄炼和做事雷厉风行，狠抓教学常规，设立“教学常规达标奖”。他积极引进先进教育理念，经常教育青年教师要多思考，不要用重复的笨办法增加学生课业负担。在他的带领下，教师教学方法更加生动多元，学生得以全方位发展，学校整体迈上更高的台阶。在其任内，石门中学高考上重点线、上本科线人数不断增加，1998 年正取生上线率达 96.7%。数年时间，石门

2002 年 4 月，黄炼和（右一）、林雨良（右二）、陈坚仪（左一）、江淑蓉（左二）共四位广东省特级教师在研讨教学

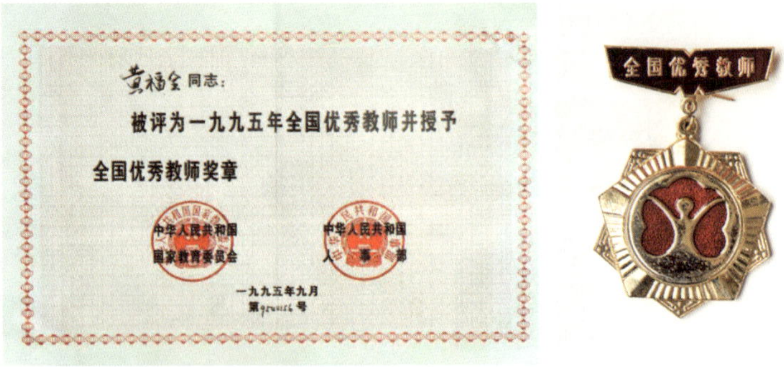

1995 年 9 月，黄福全获评全国优秀教师并授予奖章

中学涌现多位佛山市各科高考状元及考上清华、北大的学生，为国家培养了大量优秀人才。

黄福全，平地学正村人，1948 年出生，1967 年毕业于博罗第一中学，1970 年在盐步城区小学做体育教师。当时，“读书无用论”甚嚣尘上，但他坚定理想信念，以“干一行、爱一行、专一行”为座右铭，是名副其实的“拼命三郎”。1972 年他被评为南海县先进教育工作者。

1978 年，黄福全已在盐步中学教了五年体育，为了适应恢复高考的需要，毫无怨言地接受了学校工作安排，改教英语。对于在“文化大革命”初期毕业的他来说，没有上过大学，更没有接受过系统的英语教学训练，遇到的困难可想而知。但他以高度的事业心和责任感，刻苦钻研，虚心请教，走自学成才之路。在承担繁重教学任务的同时，他自费参加了中央广播电视大学英语班和业余英语师专班等学习培训，大大提高了教学水平。

从 1984 年开始，黄福全先后任英语科组长、教务

1996 年 4 月，黄福全获广东省五一劳动奖章和证书

处主任，积极推行英语情景教学、课文整体教学等模式，带头上实验课和公开课，做教师成长路上的领跑者。他所教学生参加中考，英语平均分比南海平均分高出 10 ～ 20 分；他悉心辅导学生参加全国英语竞赛，获奖学生占佛山市获奖总人数的 20% 以上。在他的大力推动下，全校英语教学水平大幅提升。

最值得称道的是，黄福全不仅善于学习创新，而且还养成勤于反思总结的好习惯。他倡导老师们做好教学教研工作，带头撰写多篇教育教学论文，并在学术交流会上宣读或在教育刊物上发表。1994 年 5 月，他获“佛山市劳动模范”称号。

1995 年，黄福全调任平地中学校长。当时，平地中学的教育质量不佳，很多学生转到盐步、和顺、官窑等地就读。他到任后，狠抓“尊师、守纪、勤奋、进取”八字校风，努力提升教育教学质量。两年后，平地中学的中考上线率超过了盐步中学。1995 年 9 月，他被评为全国优秀教师。1996 年 5 月，他荣获“广东省五一劳动奖章”。2002 年，他从平地中学调任盐步中学校长，主持盐步二中合并至盐步中学事宜。一年后，盐步中学考入石门中学人数大幅增加，该校也因此名声大振，受到学生家长和社会的高度称赞。

辛勤耕耘，喜获丰收。黄福全任盐步中学校长期间，该校获评省、市、区先进单位。2005 年 9 月 10 日教师节，黄福全荣获“南海区教育终身成就奖”。

2005 年 9 月 10 日教师节，黄福全荣获“南海区教育终身成就奖”

⑥ 文化守望者 美德启后人

平地有许多热心社会事务的人士，他们以自己朴实的言行传承文化血脉，守望真善美德，值得人们敬重和称赞。

陈益春，平地泗沥村人，1942 年出生。自 20 世纪 60 年代初开始，他就在平地大队当会计直至退休，财务工龄达 42 年，2002 年被国家农业部评为“全国先进村组财会人员”。他还一直致力于收集整理全村的会计档案及村中各类文书资料。

1985 年，他正式组建平地档案室，利用节假日及休息时间，把历年来的旧资料全部分类、整理、归档，这项工作一干就是 20 多年。1995 年，平地综合档案室正式规范创建，当时就代表着全国先进水平，时任国家档案局技术司司长冷宝存和广东省档案局局长杨友秀曾到平地专门视察其档案管理工作。1996 年 9 月 2 日，陈益春和平地村书记梁汉华作为全国村居代表，赴北京参加第十三届国际档案大会，当时有资格

1996年9月2日，陈益春（前排左一）和平地村书记梁汉华（前排左二）参加第十三届国际档案大会

陈益春被评为“全国先进村组财会人员”

参加这个大会的全国代表村只有两个，平地就是其中一个，非常值得自豪。

2002年，《平地村志》启动编修，得益于这个规范的档案室保存的大量资料，让村志有迹可循、有据可依。陈益春和黄汉威作为核心人物，就像一部平地“活字典”，参与、推动和完成了艰辛的编撰工作。2006年8月，《平地村志》全面完成，为平地历史文化传承做出了不可磨灭的贡献。

陈益春热衷于泗沥陈氏的宗族事务，曾组织族人到广东省博罗县寻根。2008年，他着手续编民国初期的《南海泗沥陈氏族谱》。由于与旧族谱已隔80多年，搜集资料和核对信息非常艰难，陈益春自己也说：“太艰辛了，我一辈子都住在泗沥，但还要逐家逐户去问。”他凭着坚定的信念和顽强的毅力，最终克服重重困难，2008年8月，新的《南海泗沥陈氏族谱》成功续编。

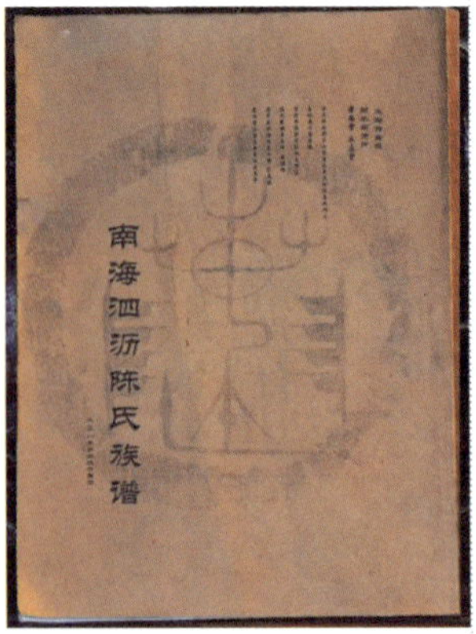

陈益春编撰的《南海泗沥陈氏族谱》

2019 年清明节，黄庆威（左一）、黄冠勋（中）、黄汉威（右一）参加香港春祭

黄冠勋、黄汉威、黄庆威三位老人家均出生于 20 世纪 40 年代，系平地小学同级同学，他们热心社会公益和族务活动，积极推动当地传统文化传承、复兴和发展。

1980 年至今，黄冠勋、黄汉威两人一直主动投身平地村的公共事务。1993—1996 年，他们在族中前辈的带领下积极参与重修平地中心村黄氏大宗祠。1998—2017 年，他们作为平地中心村黄氏大宗祠管理委员会的主要成员，带领族中兄弟用心做好宗祠的维护和管理，协调日常工作及各项宗族事务。2010—2011 年他们组织重修了药轩黄公祠，2015—2016 年亲自重修桐坡黄公祠，2019—2020 年又带头重修古山黄公祠与远扬信芳黄公祠。目前还在黄氏大宗祠内开展乡村学堂活动，举办族史讲座，吸引年轻一辈关注宗族发展，为推动文化传承而不懈努力。几十年来他们

黄冠勋

一直默默付出，如今黄汉威还每天驻守平地中心村黄氏大宗祠处理各项事务，日复一日，无怨无悔。

黄冠勋、黄汉威还大力协助筹办锦龙盛会，重建平地大戏台，复办观音诞庆典和观音诞巡游，恢复冬春二祭，热心参与村中修路、建公园等事务。

《南海平地黄氏族谱》自宋末首次修订，八百多年来共修九辑。族谱一般每 20 年编修一次，第八、第九辑族谱分别在 1975 年和 1995 年由旅港南海平地黄氏同乡会编修。2015 年，同乡会提出再次编修族谱，并捐助一台电脑作编辑之用。黄冠勋、黄汉威、黄庆威三人成为修订第十辑族谱的主要负责人。其实，从 20 世纪 90 年代开始龙游寻根以来，他们就为平地黄氏追根溯源、寻根问祖和编修族谱准备了充分的资料。黄冠勋、黄汉威二人主要负责收集、编撰、核实和校正族人信息资料，任务非常艰巨。为尽量减少遗漏，他们通过信件、电话等方式想方设法进行查证。为了得到同宗族人的一个信息，电话打到世界各地，工作严肃认真、细致谨慎。

数十年来，黄冠勋悉心收集甚至不惜斥资收购、珍藏各类珍贵的族谱资料。黄汉威自少年时代开始，数十年来把所见所闻用文字记录下来，一本本日记凝聚着大量的心血，是平地半个多世纪以来发展变迁最有力的见证。

黄庆威

黄庆威祖孙四代均参与族谱编修，书香传承、渊源深远。他本人精心钻研古文，传统文化造诣高深，经常为一些祠堂、庙宇、公园撰写石刻碑文。在编修过程中，他一个从未接触过电脑的古稀老人，须将60多万字的族谱逐字逐句录入电脑，工作难度异乎寻常。然而，在热爱宗族这个执念的支持下，他用了两年多时间，每天工作超过10小时，硬生生地用手写板，一个字一个字地把几百年来手写版和影印版的族谱录进了电脑，并对旧族谱逐字逐句、逐行逐页进行校勘，修正了原族谱的错误，改进了原来的吊线图谱，同时增加了女丁入谱内容。其工程之浩大、过程之艰辛超乎想象。功夫不负有心人，历经不懈努力，

2017 年 12 月，第十辑《南海平地黄氏族谱》终于编修完成。

2018 年，在旅港南海盐步同乡联谊会黄智基、邵亮标等人的牵头下，在被拆毁的北溪黄公祠原址上启动建设北溪公园。黄汉威巧花心思，带领族人利用原基础石块砌起供休憩的石凳，在其中一块完整的大石块刻上“北溪公园”名称。他采纳黄冠勋的提议，用北溪黄公祠“显承堂”的堂名命名新建亭子为“显承亭”，将原北溪黄公祠的门联“九传垂世泽；千顷肇家声”刻在亭子的圆柱上。500 多平方米的公园处处显现原北溪黄公祠的痕迹，让人们看到时光的印记，留住了乡愁。多年来，黄汉威只要知道哪里拆旧房子，第一时间就去收集旧物料，为重修古山黄公祠、远扬信芳黄公祠备足材料，让那些古旧石板、木门、青砖和土瓦等历史建材安放在恰当的地方，继续保留传统的韵味，焕发出神奇的魅力。

百善孝为先。黄汉威不仅为平地公益事业和宗族事务做了大量好事、善事、实事，还无微不至照顾一百多岁的老母亲，多年侍奉左右，仁义至孝，感人

2019年，黄汉威被评为“大沥记忆·十大感动人物”

至深。2019年，黄汉威家庭当之无愧地被评为平地“十佳好家风”，他本人被评为“大沥记忆·十大感动人物”。

陈益春、黄冠勋、黄汉威、黄庆威等人信奉、坚守和笃行“我为人人，人人为我”的服务理念，为村中公益事业、族中各项事务模范引领、不遗余力。平地还有许多像他们一样乐于助人的好村民，正因为有他们的无私付出，优秀的传统文化才得以传承，高尚的仁义品德才得以弘扬，族人更团结、事业更兴旺、社会更和谐。

7 红豆生南国　粤韵发新声

粤剧是广府文化的一朵奇葩，曾被周恩来总理喻为“南国红豆”。广州和佛山是粤剧发祥地，平地深受其影响和熏陶，文娱曲艺氛围十分活跃。

20世纪30年代，平地就有以黄正为首组建的“铁豪剧团”，常在乡间演出经典粤剧和话剧。50年代初，

村民自发组织成立平地文娱组，也称“平地文工团”，主要演员有黄灿、陈七、黄泽贤、招广荣、欧阳励、黄念萱、殷世、刘端锡、黄舜卿、黄渐华、黄秀仪和黄泳仪等人。他们自筹资金购买各类服装、道具和器材，经常活跃于南海各地开展文化交流，演出的粤剧主要有《附荐何文秀》《柳毅传书》《风雪卑田院》《打金枝》《平贵别窑》等剧目。文娱组在50年代中后期因故停止了活动。

2009年，平地大戏台落成。2010年，由黄鉴兴、黄汝森等粤剧爱好者推动成立的平地粹华曲艺社应运而生。黄鉴兴、黄汝森分别任曲艺社正副社长，旅港南海平地黄氏同乡会黄文基、黄智基任名誉社长。他们以平地中心村黄氏大宗祠西厅作为基地，聚集平地及周边的粤曲爱好者吹拉弹唱，娱己悦人。

黄鉴兴是一名企业老板，自小喜欢听曲看剧，出于对粤剧的热爱，着力推动筹建曲艺社，出钱出力支持该社的日常运作。他发自肺腑地说：“如果我们不成

2009年平地大戏台落成庆典

立曲艺社，很可能粤剧在平地就消失了。”多年来，黄鉴兴热情不减、情怀不老，雅兴之时还写曲填词，其创作的《苏轼悼朝云》《歌唱平地》《节日欢歌》等曲目经久传唱。黄汝森也是一名商人，从小听村里人在祠堂唱曲，成年后对粤曲产生浓厚兴趣，长期陶醉于唱曲之中，因此十分热衷参与曲艺社的创建，慷慨捐钱购买音响设备，还为平地中心村黄氏大宗祠捐献户外座椅，让看戏的观众坐得舒服、听得过瘾。

曲艺社还有黄灿、黄秀仪、黄本云、张可智、梁敏如等热心人士的参与，年龄从20多岁到80多岁，

黄鉴兴（左一）与曲艺社成员练唱

有退休老人，也有企业老板，基本都是平地村的粤曲“发烧友”。他们每周一开锣，周五晚聚集练唱，常年在农历六月十九观音诞和冬至等节日庆典和各种文化活动中，登台演唱《填词辩冤》《悲怨别重台》《挥泪别南唐》《七月七日长生殿》《易水送荆轲》等村民喜闻乐见的传统故事剧目。台上演员表演字正腔圆、声情并茂、惟妙惟肖，台下观众听得如痴如醉，掌声和喝彩声此起彼伏。他们还邀请李池湘、彭炽权、郭凤女等粤剧名伶和林鸿昌、袁惠勤等大沥粤曲精英前来指点辅导。曲艺社也经常与横江、岐城、盐步老干夕阳红、狮山显纲和佛山琼花等周边曲艺社，

曲艺晚会颁奖典礼

李池湘（前排左一）、彭炽权（前排左二）与平地粹华曲艺社的社员合影

老戏迷冒雨等待戏曲开场

以及清远新时代粤剧团等各地社团联谊交流，不断拓宽视野，提升演唱技艺和水平。

玉振金声，乐韵悠扬。在大沥众多曲艺“私伙局”中，平地粹华曲艺社技艺精湛、声名在外，2014年，平地粹华曲艺社被评为“南海区非物质文化遗产传习所”。该社形成了较为完善的管理制度，每周年举办纪念活动，吸纳新生力量，传带年轻“发烧友”，推动曲艺持续发展，让粤曲文化薪火相传，弦歌不辍。

8 翰墨飘香远　雅趣悦性情

平地人长期受儒家文化的浸润和各种先进文化的影响，自然而然喜爱琴棋书画等文化艺术之美，其中不乏能书擅画之人，翰墨丹青，香清溢远。

黄兆熊（1925—2005），平地中心村人，南海县第七届人大代表、第五届政协委员，也是南海名老中医、著名书法家和对联高手。他自幼在学正村私塾拜杜沛洲先生为师，在国学、书法、美术等方面打下扎实的基础。后随父黄少泉学习医术和中华优秀传统文化，既精通医理，又擅长对联、书法和绘画。在他少年时代，日军侵华，平地沦陷，黄兆熊被迫远去浔峰洲放牛，以度饥荒。他一边放牛，一边捡拾五颜六色的石子，研磨成粉，用作颜料，把山川形胜和风光美景描绘得十分精准和出彩。“文化大革命”时期，他与南海石门中学区杰老师被一起关进牛棚、惨遭折磨，同样不幸的命运，让他们在患难之中结下了深厚的情谊。

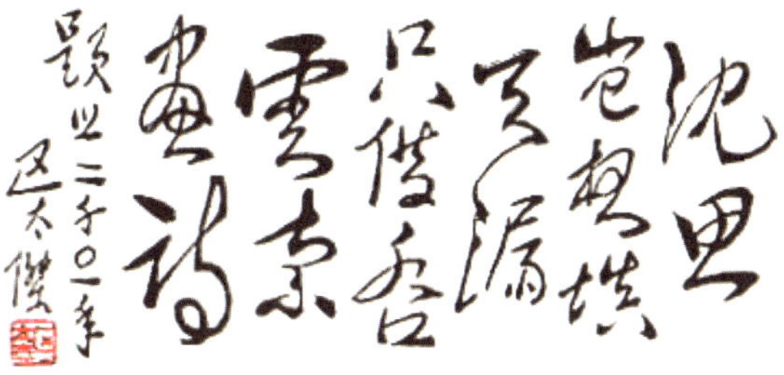

石门中学区杰（自称区太杰）老师和其书法作品

当年，区老师经常骑着破旧的自行车到黄兆熊家做客，晚饭后一起彻夜长谈、纵论古今，切磋书法诗画技艺。1968年，区杰写的《题黄兆熊》诗云：“黄子风流远近闻，杏林植就被苍生。香烟缭绕谈今古，浓茗飘浮笑浴尘。化蝶有情游上苑，看花无意卧春云。若非李耳牵牛仔，定是灵山水月身。”这首诗颂扬了黄兆熊的医术、才艺和寄情山水的境界。他们志趣相投、忧国忧民，是颇具家国情怀的知识分子，身上有着中国文人的铮铮风骨。尽管落难于时世，饱受挫折与困顿，但对中国的未来充满期待。1976年10月，党中央粉碎了“四人帮”，全国人民欢庆胜利之时，黄兆熊在家里燃响了鞭炮，他欣喜若狂地说：“中国有救了。中国的春天来了！”自此以后，他和区老师重获新生，心情舒畅地投入了新生活。1984年，区杰又写了一首《和黄兆熊》诗：“禅心一点坐莲荷，诗意钟情韵事多。栽得芝兰堂上放，小园清气自成河。”该诗反映了当时黄兆熊诗意人生、恬适愉悦的生活状况。

1985年，黄兆熊光荣退休，他慨然撰写《六十退

黄兆熊《六十退休有感》书法扇面

休有感》："回首沧桑六十年，分明非梦亦非烟。江山历乱谁为主，故国升平望后贤。文采抛残风骨在，劫灰磨尽性灵存。莫愁白发经霜短，杯酒相逢尚有缘。"他回顾了六十载沧桑岁月，殷切寄望国家安宁、人才辈出，自己能酒逢知己、颐养天年。

黄兆熊擅长行书、草书和山水画，而他撰写的对联格调高雅、文采斐然，在南海颇负盛名、备受称赞。1985 年，他为潘咏钊的香杏园酒楼撰写对联："香国美人西蜀酒；杏园才子洛阳花"。上联将司马相如与卓文君"凤求凰"的故事，与西蜀美酒连成一气；下联将孔子杏园讲学、左思撰《三都赋》令洛阳纸贵，以及洛阳牡丹花开富贵之意境交相融合。此联属鹤顶格，对仗工整，平仄合韵，堪称珠联璧合。

1990 年，黄兆熊又为潘咏钊的黄岐金辉酒楼撰写对联："金碧照人生，此地更宜留客醉；辉煌光宇宙，崇楼满座尽英雄"。此联洋溢着豪迈之情和气势，给人留下深刻而难忘的印象。同年，儿子黄庆添结婚，他欣然提笔撰写喜联贴在家门口："明月清风，最是楼台灯火夜；浅斟低酌，方当儿女结缘时"。喜悦心情，跃然纸上。

黄兆熊儿子黄庆添结婚时家人合影，黄兆熊撰写的婚庆对联十分出彩

1995 年，黄兆熊为张志华的桥头狮会撰写对联：“桥头此地极清幽，借皓月和风，谈诗煮酒；狮会构庐存国粹，集南拳北腿，我武唯扬”。对联高度赞扬了狮会的文武之道，以及武术和醒狮的雄风。

2018 年 10 月 27 日，在石门中学教育基金慈善拍卖会上，为纪念黄兆熊与区杰的患难友情，黄兆熊女儿黄燕美用 20 万元拍下区杰女儿区晓鹰捐出的其父绘画《天湖游龙》。她们在为教育事业贡献力量的同时，续写了一段十分感人且美好的故事。

黄燕美（左四）与区晓鹰（左五）在石门中学教育基金慈善拍卖会上

黄柏雄，平地中心村人，生于1933年。他在平地德政学校读六年级时，在作文、书法、美术比赛中均夺得冠军；1947年入读南海石门中学，受著名画家区杰老师的美术熏陶，负责班级墙报字画的绘写，做得非常出色。1951年初，他响应“抗美援朝，保家卫国”的号召，在学校应征参加中国人民志愿军，因战备需要没有跨过鸭绿江，而被编入广州军区防空通信某部任无线电员。1955年，他复员到南海粮食局，曾跟南海县委农村合作部部长赵超做过短暂文书，主要从事农村工作。1960年，他辞职到广州单干，从事电器维修。

1979年8月，黄柏雄移居香港，主要从事电器和冷气工程，工作之余不忘习字绘画，经常进行书法美术创作，并参加香港兰亭学会，注重学习提升。1997年，他入读中国书画函授大学，自此之后更加用功发力。经过系统的理论学习并结合多年探索实践，整体技艺大为提升，其作品经常入选广东省及港澳庆祝国庆书画展览。

2000年2月，他参加全港耆英中文书法比赛。比

黄柏雄及其获奖作品

赛经严格筛选后，只留下18人参赛，当时临场宣布书写两道考题，其一：陶渊明《归田园居·其二》摘句：“时复墟曲中，披草共来往。相见无杂言，但道桑麻长。”其二：“飞龙在天，位乎天德”。要求其中一题用正楷书写，其余一题任选字体。中国文字书法分为篆、隶、楷、行、草五体，各自形态不同，分别表达五种意境。比赛既考书法功力，又考书法理论。陶渊明《归田园居·其二》诗句描写乡村一片宁静景象，与楷书形神平静的意境相和，当用楷体；而另一题是“飞龙在天，位乎天德”，“飞龙在天”意象狂放，应用草书，“位乎天德”宜用行云流水般潇洒的行书。

2000年2月，黄柏雄获全港耆英中文书法比赛冠军

黄柏雄即席挥毫，在众多参赛者中脱颖而出，荣获冠军。

2000年7月，黄柏雄被聘为中国书画函授大学北京第二分校书画导师。同年10月，他

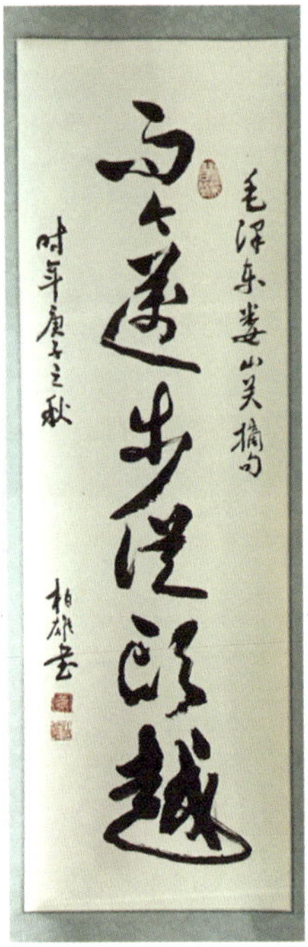

黄柏雄书法作品

黄柏雄作品《惠风和畅》

的书法作品入选北京东方神州书画院《二千年中国艺术家长卷》，并获金杯奖。20多年来，他一直从事书画教学工作，着力培养书法艺术人才。黄柏雄热爱家乡、有求必应，平地中心村黄氏大宗祠后花园的楹联和北溪公园的题书均出自他的手笔。

黄栢泳，平地中心村人，生于1949年，自小聪颖过人，在庶母陈惠嫦的悉心教导下，熟读四书五经、唐诗宋词、《百家姓》、传统粤剧剧本和各类尺牍等古典书籍。在平地小学读书时，他既懂诗词歌赋，更喜爱绘画，旅居香港的父母经常邮寄纸张笔墨给他，全力支持他在美术方面的发展。他成立代号为“529”的美术组，在家里与同学一起读书、温习功课，同时又教他们书法和绘画。他画的梅兰菊竹惟妙惟肖，在平地颇有名气。

1963年，他以优异成绩考上石门中学，并参加了学校美术小组，拜著名画家区杰为师学习油画，并做其模特儿。他常到区老师家中请教学艺，才华更加凸显，被委任负责《石门中学校刊》的编撰、刻写和油印工作。难得的是，他作为一名初中生就开始承担起应由高中生做的事情。

1966年他初中毕业，1968年上山下乡，农闲之时，他寥寥数笔就将列宁的头像勾勒得形神毕现。1970年，他赴港谋生，得益于当年区老师的启蒙教导，靠绘制油画赚钱度日，也曾开过广告设计公司。1974年，他旅居加拿大经营点心饼家，一干就是九个年头，后来才转行做地产经纪。他一生跌宕起伏，艰辛备尝，但心中对诗、书、画、印念念不忘，时常挥毫练字、着意丹青。

1970年，黄栢泳在香港

黄栢泳油画《港湾晨曦》

黄栢泳（中）与族人在平地中心村黄氏大宗祠合影

黄栢泳退休后，在加拿大温哥华一些机构和大专院校担任中国画导师和中国文学客座讲师，古稀之年还从事中华传统文化的研究及中英文翻译工作。平地药轩黄公祠的一副顶针联为他所撰：“南海海阔天高高瞻远瞩凌霄志；平地地灵人杰杰立豪怀报国心”，此联格局宏大，气势非凡。

2020年，是石门中学区杰老师诞辰100周年。年初，黄栢泳为纪念恩师，通过香港黄智基先生转给区老师女儿区晓鹰纪念文章、画作和钱款。在其《迟交的功课——纪念区杰老师诞辰100周年》短文中，情深义重地写道：

区老师时常提点他的学生：素描是学习绘画的基础。

一九六六年初夏，不知何故，我竟然忘记交素描功课给区杰老师。看见他亦很忙，几乎天天在开会。他似乎是会议的主角，细看又不是。

暑期将至，我提早离校。行前想向区杰老师告辞，他根本没空理会我。只见他换了个新发型，只留半边头发，异于平常。我一时搞不清那是时尚潮流，还是艺术家的独特风采？

黄栢泳速写作品《故乡更馆古榕小景》

我只好不辞而别。

就这样，“不辞而别，欠交功课”的愧疚，一直萦绕着心头，超越半个世纪，竟然挥之不去！我记不起某夜的梦里，有区老师出现，依然是清瘦的身形，有神的大眼。我趋前正想为“不辞而别，欠交功课”而致歉。他点点头，笑而不语，转身瞬间飘然而去。

值纪念老师诞辰100周年，我凑合以梦中吾乡小景为题材，绘素描一幅，权作迟交的功课。然而，我为此迷惘且惆怅：功课虽备，良师在何方？

尺素寸心情义长，恩德深厚永难忘。

黄嘉伟，平地中心村人，1983年出生。他3岁起开始抓毛笔、练书法、学画画，6岁接触漫画，通过学习和临摹，自小表现出绘画天赋，高中时代在漫画杂志《漫友》发表单幅漫画作品。2003年，黄嘉伟入读广州美术学院雕塑系，大一期间参与广州“羊城通”漫画套卡绘画；其后，在广州首届漫画节上获得“漫画新人王”称号。

2006年，他与旅居英国漫画剧作家王梆合作，签

青年漫画家黄嘉伟

约欧洲最大且有着百年历史的漫画公司——法国达高出版社，出版了第一本黑白法文版国际漫画《伢三》，在法国、比利时、卢森堡、美国和加拿大等国家发行。同年，他与法国著名剧作家J·D合作，创作科幻漫画《ZAYA》共3集，并不时为日本漫画杂志创作主题插图。经不懈努力，其《冷冻街》《孤儿院》《远方都市》《倒悬的天空》《第三国》等作品陆续面世。

2009年12月10日，黄嘉伟的《ZAYA》获得有“漫画界诺贝尔奖”之称的日本第三届国际漫画优秀

黄嘉伟作品《伢三》

黄嘉伟作品《ZAYA》

奖。其时，全球共有55个国家和地区的303位漫画家参赛，他脱颖而出，成为当年全球获此奖项的4人之一。当时他才26岁，是该奖项设置三年以来最年轻的获奖者，他从日本外相冈田克也手中接过奖牌，也受到中国驻日本大使崔天凯的接见。黄嘉伟以独特的视角和绘画技巧，让画面充满幻想风格，每一幅画作都充满个性和张力，手法独特，震撼人心，耐人寻味。

2010年，黄嘉伟在大沥中国信盈艺术馆举办《铅色印象——少年漫画家黄嘉伟作品展》，展出他从2006年大学毕业至2010年所创作的600幅作品，并将其中部分作品进行拍卖和出售，所得款项均用于慈善公益事业。2012年，他当选为“南海首届十大杰出青年”。

黄嘉伟醉心漫画创作，佳作源源不断。2013年出版新画集《H》和《ZAYA》中文版，2014年出版漫画《新月湖》，2016年出版《不见江湖·水浒108人物图谱》，同年其作品《狩魂曲》获素有“中国动漫奥斯卡”之称的第十三届中国动漫金龙奖最佳剧情漫画奖金奖。2017年创作短篇连载漫画《荒海物语》，2018

黄嘉伟（右五）获中国动漫金龙奖

年创作系列漫画《永远的长安城》。

黄嘉伟是中国新一代备受瞩目的新锐漫画家，他善于吸收新鲜元素，以艺术家独特的触角、精致细腻的画工和流畅优美的线条，突破了传统漫画的条条框框，以充满气势和张力的画风，以及奇特的科幻画面，引领时代漫画潮流，形成独具特色的艺术时尚。人们热切期待黄嘉伟继续走好自己的艺术人生之路，创作出更多精品力作。

9 内外须兼修　任重而道远

文化是什么？

著名作家梁晓声对文化认知的四句表述，获得了广泛而持久的认同和赞许：文化是根植于内心的修养；无需提醒的自觉；以约束为前提的自由；为别人着想的善良。

诚然，文化是一个地方独有的基因密码和特色标记，其亲和力、感染力和穿透力历久弥新。最是书香能致远，无文化的地方绝不会源远流长。

南宋淳熙十三年（1186）是平地开村的起点，八百多载的历史长河波澜壮阔，留下的人文积淀既深且厚。那一本本厚重的族谱、家谱和村志自有沉甸甸的分量，只要随手翻开一页，都是一段真实的历史。而从前坐在榕树下石凳上的老人，其绘声绘色讲述的一个个故事，至今仍印在许多平地人的脑海里。

毋庸置疑，平地是天赋异禀、人杰地灵的存在。明清时期乃至近现代，平地堡（乡）得紧邻省城广州之地理优势，乡绅阶层不断发展经济，很早就处于从农业向商业和手工业发展的阶段。乡贤重视教育，各村私塾、新式学堂、德政学校和平地小学，令平地村民的识字率比其他地方略高；祠堂、庙宇、墟市、戏台、医馆、码头、桥梁和道路等以人为本的设施也比其他地方较多。平地人知行合一，中国传统文化的精髓在他们身上多有体现，港澳同胞和海外乡亲一直将优秀传统文化的根脉延续保留。平地尽管曾惨遭日本侵略者祸害，以及后来历次“极左”运动的人为破

2018 年 11 月 5 日，平地北溪公园落成

坏，但其灵魂与根脉尚在，并以其独特的方式传承和发展。

1978 年，党的十一届三中全会胜利召开，如一声春雷，唤醒了百废待兴的华夏神州，改革开放开启了火红的年代。爱国爱乡的港澳同胞和海外乡亲身体力行，率先垂范，推动重教兴学、龙舟醒狮等民情风俗一系列活动的复兴，让优秀传统文化重新焕发生机。

几十年来，平地经历了“五讲四美三热爱”、文明村、文明户、环境现代化建设、卫生村、健康村、美城美家和花满沥城等一系列文明创建活动，取得了一定的成效。市政道路的建设，促进了经济的发展，方便了群众出行。1997 年，占地面积近 6667 平方米的平地公园落成，成为当时盐步镇最大的村级公园。其后，东约公园、道头公园和泗二公园陆续建成，平地有了文明的新气象，村民有了休闲娱乐的好去处。2018 年 11 月 5 日，北溪公园建成开放，成为南海乡村振兴和古村活化的新亮点。2019 年 6 月 25 日，中山大学哲学系教授、华南农村研究中心主任吴重庆到北溪公园调研考察，该园的人文质朴、清新开敞，令其眼前一亮，赞不绝口。2020 年 7 月，投资近 500 万元的平地公园又开始了升级改造，整体设计以岭南园林风格为主体，古色古香，与中心村的黄氏大宗祠相互呼应。该公园既保留原有的景观亭、半边亭、水榭、曲桥、荷香池和书吧等设施，又新增了党建文化、革命历史、纪念柱、龙狮雕塑、平地堡地图和健身休闲等设施和元素，赋予公园新的魅力。

正在改造提升的平地公园效果图

公序良俗是一个村落群体维护公共秩序，形成良好村风、民风和家风最起码的基础。村规民约和文明公约的制定为规范人们的言行起到了约束性的作用。随着众多祠堂的修复，以及龙舟赛事、黄氏冬祭和观音诞巡游的复办，深入人心的系列活动使乡村重新迸发出久违的生气和活力。让人感动的是，在这些文化活动中，村民更齐心、更团结，有钱出钱，有力出力。有人把自己旧房子的石板、木门、青砖和瓦片等捐出来重修祠堂。古山黄公祠门口两边的“傍夹石”、照镜石和旧木门都是村民们自愿捐出来的。

人心善，民风淳。近年来，平地村有一支由黄惠玲等 20 多人自愿组建的义工队，经常参与村中各类公益活动，哪里有需要，哪里就有她们的身影。在她们的感染下，参与志愿服务的村民越来越多，她们人性的柔美之光伴着人们温暖前行。

2019 年 7 月 11 日晚上，在平地小学举办了上千人参加的“好家风”评选颁奖典礼，“淳善平地”的好家风得到了充分的展现。一个个勤劳致富、孝老爱亲、和谐邻里、崇学守善、助人为乐等真实感人的故

平地首届『好家风』评选颁奖典礼

传家风 树村风 融和风

事，震撼了人们的心灵。他们树立了榜样，传播了真善美，催生内在向上的力量。

莫道儒冠误此生，从来诗书不负人。2019 年 8 月，平地对本户籍学生实施升学奖优方案：应届中考被佛山一中、南海石门中学、南海中学、桂城中学和顺德第一中学 5 所高中录取的考生，一次性奖励 3000 元；考上普通大学本科的一次性奖励3000元；考上“985”“211”重点大学本科的一次性奖励 4000 元；考上全日制研究生及以上学历的一次性奖励 5000 元。诚然，书中自有情与理，书中自有天和地。崇文助学氛围越浓郁，平地的未来发展就更有希望。

龙狮文化是平地一张闪亮的“金名片”，有力提振了平地人的精气神和美誉度。近期，平地拟投巨资在麦边村建设一个大型的龙狮文化基地，既展示龙狮历史文化和活动成果，又普及舞龙舞狮知识，更利于培养优秀的龙狮人才。

从城镇化到城乡融合再迈向城市化，这是不可阻挡的趋势，而社会治理现代化也相伴相随。2016 年，平地先后在麦边、道头、黄边三个经济社实施初级智能停车管理，共设置停车位750多个，有效规范了停车管理秩序。2020年4月，平地又通过第三方公司实施智能停车管理，首期共设置停车位900多个，安装智能视频识别设施400多套。这既活用村中道路空间，又引导文明停车，成为南海区村级规范停车管理的一个成功范例。

新时代，平地如何将优秀历史文化薪火相传，并进行创造性转化和创新性发展，是摆在人们面前一个十分厚重的课题。几十年的探索与实践，虽积累了一定的经验，但同时很多工作还有待提升，任务十分艰巨。平地已被纳入佛山市南海区第五批古村落活化升级之列，必须站在更高的角度，重新审视、定义和放大优秀文化的宝贵价值，将美好愿景作一些中长期的展望，对理念、路径和方法，做到心中明亮、手中有方。坚决摒弃急功近利的浮躁心态和千村一面的程式化操作，善用民间智慧和匠心，做好规划设计、统筹安排和资源投放。

仓廪实而知礼节，衣食足而知荣辱。不断满足人们对美好生活的向往，加快产业升级，促进增收致富，这是平地民众最大的福音和利好。文明创建是一门潜移默化、培根铸魂的持续而漫长的功课，织补、延续传统文脉，重视、呵护伦理文化，在与时代潮流同频共振之时，让非物质文化绽放异彩，促进传统与现代相得益彰。众多修复的祠堂和新建的文化楼，须充分发挥其功能作用，成为践行社会主义核心价值观的新阵地。而建设好校史馆、村史馆和乡情馆，将是让历史说话、让文化说话、让乡情凝聚的最佳场所。

无芳草绿树涵养，就没有清水涟漪。只有持续不断地讲文明、树新风，才能让人内化于心、外践于行。一个地方除了外在形态的美，更需内在的本质美。建设形神兼备、富有活力的乡村，离不开资源的投入，好钢要用在刀刃上，每年集中财力、物力做好几件实事、好事，持之以恒，自然水到渠成。

目前，平地村落新旧杂处，有底蕴缺整修、有新屋无新貌。推进城乡融合和旧村活化，是一个逻辑性展开的构建、再造和重塑的过程，应适当尊重古村格局、肌理、韵律和风貌，用“绣花功夫”精心搞好村落的“微改造”，并进行传承式有机更新。像建北溪公园那样，用最乡土的材料和工艺，营造一批具有质朴之美和人性尺度的新景点。

上善若水，凡是有水的地方就自有灵气。历史上，平地河涌环绕、村民以水为邻，清澈灵动的水乡图景独具韵致。人们都有一个强烈的心愿，就是下足功夫根治黑臭水体，做好活水文章，重现水清岸绿，平溪流芳。一个地方，环境干净、整洁、有序，最能赢得人们的尊重。遍植花草树木、美化村落环境，注入文化元素、延续古迹神韵，营造审美情趣、丰富景观内涵，才可让近者悦、远者来。

平地有近两万的“新平地人”，这是促进平地经济社会发展的一股重要的新生力量，应以海纳百川的胸怀，增进和谐共融，共建温馨美好家园。

新时代，新使命，新展望。

平地，一个响亮的名字。

平地，以它的底蕴、品格和荣光让平地人充满自豪。

平地，以它的气度、温度、自信和新的风貌迈向未来。

第五篇 平地多才俊 人物竞风流

从古至今，平地涌现出许多俊贤人杰，他们或才华出众，或为社会各领域的佼佼者，他们是人们学习的楷模，最值得平地人骄傲和自豪。

1 反清救国志 慈怀济世心

清朝末年，政治腐败，民不聊生，在中华大地上，推翻封建统治，拯救中华民族的革命斗争风起云涌。为支持反清革命，海外华人侨胞、国内仁人志士慷慨捐输，积极投身反清斗争行列。而在平地村，黄中理毁家纾难、致力革命，护佑乡邻、匡世济民的故事也流传至今。

黄中理，平地黄边村人，他习易筋经、精八卦拳，开六钧弓、擎千人臼。在时政昏暴、社会动荡的清末时期，黄中理不时做出保境佑民之举，深得乡邻拥戴。他在广州经营7间屠肆和米店，生意兴隆，财源广进，虽然衣食富足，却深明大义，心系反清革命。

其时，黄中理经外甥罗铿介绍，认识了胡毅生、黄兴等革命党人，深受他们革命救国的赤诚之心感染。1911 年初，胡毅生、黄兴在香港中环 72 号成立了统筹部，作为起义的指挥机关，秘密策动驻广州新军再次起义以推翻清政府。革命党人一方面动员新军，另一方面在海内外挑选优秀青年，组织革命党人和“选锋”敢死队潜入广州，作为起义的中坚力量。他们设立秘密机关数十处，为免泄露机密，各机关之间互不联系。其中在广州西湖路甘家巷 8 号、小东门外海傍街宝丰米店等地设置了 8 处联络点。黄中理把自己在广州的 7 间屠肆和米店，全都用作掩护革命党人的秘密办事处，以及收藏和运送枪械弹药的秘密地点。若有革命党人被清廷逮捕，黄中理就盖上店铺的图章，出函保释他们。他对革命满腔热忱，主动与朱执信、胡汉民等革命志士一起参与反清活动。1911 年 4 月，黄花岗起义时，黄中理已是古稀之年，惜未能亲自冲锋陷阵。黄花岗起义失败后，7 间屠肆和米店悉数被清廷查封，黄中理被迫逃亡海外，但他仍继续致力反清革

20世纪30年代的广州海珠桥

命，干劲热情没有丝毫减退。同年，辛亥革命成功，翌年，中华民国成立。他功成不居，不再置身政治。

后来，时任国民政府立法院长的胡汉民在广州白云山麓的郑仙祠设立了国府养老院，每年致以黄中理500元养老金。黄中理在此颐养天年，每日以登山逐涧、习拳健身为乐事。

1933年2月1日，正是正月初七，人日。广州举行了第一届耆英大会，有85名80岁以上的老人出席，黄中理名列其中，时任广州市市长刘纪文等人亲自招待，礼数甚周。其间，广州海珠桥落成，此桥是为便利市民交通而建，影响最大、受益最多的是普罗大众。为此，有人提议让这些耆英代表和长寿老人前来参加海珠桥开通典礼，并担任主角。2月15日，广州

1933年，广州市第一届耆英大会合影

市政府邀请耆英大会福寿双全、身体健康、子孙昌盛的黄伟、黄邓氏、刘麦氏、梁达樵、黄中理、连幼道等14位老人为先导，在他们身后跟着的是市长和一行知名人士，从广州珠江北岸一端引领万人步行过桥。场面热烈，盛况空前。

黄中理身形魁梧，精神矍铄，在90多岁幽居郑仙祠时，他一日之内两次往返攀登摩星岭，步履轻健、长髯飘飘，不惮崎岖、履险如夷，根本不需要拐杖。黄中理不但熟谙拳法，还精通岐黄之学，尤其深得《易筋经》其中奥妙，曾在养老院行医。他经常上山采摘草药浸成药酒，既能外用，亦可内服，有“焕发人身神力、续筋驳骨”之功效，专治跌打诸症。当时鹤山人易与民在郑仙祠租借房屋避暑，他与黄中理结为挚友，终日研习《易筋经》，孜孜不倦。后来，黄中理将泡药酒的秘方传给这位深交挚友，并嘱咐：“若能以此方渍酒应市，诚造福不浅，犹如我辈革命救世之心也。”

20世纪30年代末，黄中理年近百岁，无疾而终。易与民没有忘记挚友的嘱托，依照黄中理所赠药方酿造大量药酒，还把黄中理的相片作为药酒商标，命名为“老人牌长春百岁酒”。此药酒功效显著，使用过的人都受益良多、赞誉有加。后来，由于战乱等各种原因，“老人牌长春百岁酒”逐渐式微，无人经营了。

斗转星移，日升月落。黄中理用一生书写的革命之志及济世之心，永存于乡人的记忆之中，为后世所景仰。

2 碧血映红花　丰碑永不朽

大沥是南海红色革命的沃土，平地作为广佛的交通要冲，星星之火曾在革命时期不断闪烁。

1927 年 12 月 11 日凌晨 3 时 30 分，著名的广州起义枪声打响。为配合此次起义，南海农民赤卫军立即派员支援广州市郊工农联队，双方合力迅速攻占了石围塘火车站，有效阻击了敌人的援军。

12 日凌晨，南海农民赤卫军第 1 团乘势出击，分别从大沥龙溪和南海松岗兵分两路出发，以钳形攻势

南海农民自卫军保卫广三工友凯旋合影

向大沥墟夹击，并于当天早上顺利攻占了大沥墟，成功接管了反动民团的四堡分局。

广州起义的爆发和广州苏维埃政权的建立，极大地震惊了中外反动势力。13 日，由于遭到国民党军队的疯狂反扑，支援石围塘的南海农民赤卫军数十名战士撤退到了大沥。在得到反扑成功的消息后，国民党南海县政府立即组织各乡反动民团 2000 多人，将仅有 200 多人的大沥墟赤卫军团团包围。

14 日凌晨，就在反动民团发起进攻的同一时刻，由中共南海县委委员张霭泉率领 70 多人的决死队，掩护赤卫军往大沥以西的松岗方向突围。在决死队的竭力掩护下，赤卫军突破敌人重重包围，成功转移。让人痛心的是，决死队被敌军堵截，经浴血奋战，因寡不敌众，全部壮烈牺牲。

广州起义终因敌我力量悬殊而以失败告终，其间共有 5700 多名军民惨遭屠杀，104 名南海农民赤卫军指战员也在大沥战斗中牺牲，其中直接或间接参与广州起义和大沥战斗而牺牲的平地乡民包括：

陈有，平地义基人，生于 1899 年，广州起义南海农民赤卫军队员，1927年12月14日在石围塘被捕杀害。

原女、陈光锐，平地东约村人，响应广州起义，于1927年12月12日在围攻大沥墟反动武装的战斗中牺牲。

林灼、原贞、叶允等人，平地东约村人，1927年在大沥革命志士李羽吉的宣传发动下，秘密成立农会，加入南海九区农军，并在共产党的领导下参加了著名的广州起义。

为纪念和缅怀在广州起义大沥战斗中牺牲的先烈，

1958 年 8 月，南海县人民政府在大沥城区中心修建了革命烈士纪念碑。纪念碑正面刻着 1929 年任中共南海县委书记、广东省原副省长林锵云题写的“革命烈士纪念碑”碑文。碑座上刻有原中共南海县委创始人之一、参与指挥大沥战斗，并成功突围的谢颂雅同志撰写的《永远怀念英勇牺牲战友》碑记。

苍松存浩气，翠柏慰英灵。往日，每逢清明时节，平地小学的师生带着鲜花，来到有松柏相伴的烈士碑前，缅怀先烈，致敬英雄。

鲜血浇灌，红花叠开。大沥战斗虽然失败了，但它并不能磨灭共产党人和有志之士的革命情怀，红色基因在平地这块热土上薪火相传。

1946—1949 年间，中共派遣党员刘宛枫、曹军和刘思夫妇以教师身份进入平地德政小学开展“地下”革命活动。

1949 年 10 月 1 日，中华人民共和国成立。1949 年 10 月 14 日，广州迎来解放。几天之后的一个清晨，平地人惊奇地发现整条桥头街睡满了解放军，他们于前一夜悄悄而来，纪律严明、秋毫无犯，天亮后就马不停蹄沿着广佛公路向佛山挺进。

1950年初，中共派出以党员邝克为首的工作队进驻平地东约村，成立了平地乡最早的农民协会。平地也跟随全国发展的步伐，开始了翻天覆地的变化。

后来，刘宛枫任中共南海县委秘书处秘书，后在广东省广播电视局工作至离休。曹军任南海四区（小塘区）区公所区长，刘思任南海五区（九江区）党委书记，邝克先后任盐步镇党委书记、南海县经济委员会副主任，他们为中华人民共和国的建立和社会主义建设做出了巨大的贡献。

③ 从戎赴远征　浴血驱日寇

黄树开，平地中心村人，1926年生。因家中贫困，兄弟姐妹众多，排行第七的黄树开12岁便离开家乡去香港投靠姨妈，在街边摆摊卖菜，艰难谋生。1941年末，香港沦陷，黄树开逃难回到平地，三天后其父亲饥饿离世。无奈之下，母亲拆除旧屋，变卖房梁、其他木料和砖瓦，供他只身投奔嫁到韶关的姐姐，经人介绍在当时的华英中学当校工。他白天从事学校水电维修工作，晚上在夜校读书，学会了写字，甚至还学了点英语。

1943 年，抗日战争进入最为艰难的阶段，黄树开积极响应“十万青年十万军”的号召，报名参军。他年龄较小，本不符合条件，但在其一再坚持和校长保荐下，经第七战区征兵部队军部特准，黄树开加入韶关青年军，终偿与同龄人共赴国难之愿。

青年军出韶关、转南雄、至贵阳、往昆明，且行且训练。在这过程中，黄树开与番禺黄耀武、顺德苏汉武结下了深厚情谊。当时部队生活十分艰苦，但他们抱着终有一天定能驱除日本侵略者的必胜信念，克服了无枪无饷、衣食匮乏等各种困难，一直坚持苦熬硬撑。1944 年，黄树开和战友们乘 C47 运输机经驼峰航线到达印度雷多，被分配到新六军第 22 师学生大队，并配发生活物品，定衔下士。这时，黄树开才第一次摸到枪。经过三个月的艰苦和严格训练后，他被编入新六军新编第 22 师 66 团通信排，随后就参加了缅北战役。

通信兵是作战部队的神经，责任重大，风险性高。在一次战斗的傍晚，因前方的电话线突然中断，黄树开与战友遵令前去抢修。他们背着步枪、带着线轱辘、老虎钳和电话机，一边匍匐前行以防被敌人发现，一边用手指套着电话线寻找断口。当时，他们遭遇了日军的伏击，刚转移地方还没趴下，敌人的机枪子弹、迫击炮弹就打在了他们所在的地方。天亮后，黄树开准备返回，怎料一摸裤子，发现已被鲜血浸湿，原来左腿被弹片击中负伤，仍在流血，这时他才感觉到疼痛。黄树开被送进野战医院住了17天，这次负伤，是他离死亡最近的一次。

最值得自豪的是，在一次抢修线路时，电话线怎么拉都拉不动，黄树开上前一看，发现了一名伤重濒死的日军压着电话线，随后发现附近还有两名疲惫至极的日军。黄树开端着枪，用学过的日语大声喝令他们“举手投降，不准动”，在战友们的协助下，他们成功地俘虏了三名日本兵，这成为他一生最为骄傲的事情。

后来，黄树开参加密支那战役，占领了密支那机场，亲历了滇西缅北战役的胜利。1945 年春，新六军奉调回到昆明曲靖再转战湖南，参加雪峰山战役。之后黄树开晋升为中士，随部队拱卫芷江机场直到抗战结束。他常十分自豪地说："芷江受降仪式时，我们就在那里欢庆胜利！"

抗战胜利后，他曾驻守南京中山陵，1948 年又驻守沈阳。他厌恶国民党腐败和挑起内战，于是和几名战友退役后从沈阳到山海关，再转唐山、经天津、奔汉口、赴广州，历尽艰辛回到家乡平地。他因生活无着便到香港投靠哥哥，并当上了水警，直到1986年退休。

1945 年黄树开（左二）在南京中山陵与远征同学合影

2015年香港中联办台务部副巡视员王珺（右一）、香港民政事务局副局长许晓辉（左一），向黄树开（中）颁发抗战胜利70周年纪念章

中国人民抗日战争胜利70周年纪念章

2015年9月18日，黄树开从香港中联办台务部副巡视员王珺与香港民政事务局副局长许晓辉手中，激动地接过由中共中央、国务院、中央军委颁发的“中国人民抗日战争胜利70周年纪念章”。

每当拿出熠熠生辉的纪念章，众人心中的“七叔公”——黄树开的思绪总是回到当年青年军开拔前同仇敌忾、壮怀激烈的情景：他们同期参军的83名战友，带上一壶烧酒，爬上韶关的黄岗山顶，远眺破碎山河，歃血起誓：“不灭倭奴誓不还！”

多年来，在“关爱抗战老兵网”志愿者的努力下，黄树开陆续与分别六十多年的战友们取得了联系。垂暮之年、袍泽重逢，百感交集、老泪纵横。南海黄树开、番禺黄耀武、顺德苏汉武，这当年同属新六军第22师的“南番顺三兄弟”背负国仇家恨、浴血奋战、情同手足的故事，被佛山电视台制作成大型纪录片《兄弟》，在抗战胜利70周年之际搬上荧屏。

硝烟散去，岁月静好。当年黄岗山上誓师抗日的少年郎和战友们一道共赴国难，用自己的青春与血肉，为中华民族筑起了新的长城。今天，祖国如其所愿：繁荣、昌盛、富强！

1947年，黄树开（后排右一）、黄耀武（前）和韩纪峰（后排左一）在东北鞍山合影

黄树开（右一）与苏汉武（左一）合照

④ 驾机飞光明　英勇建奇功

黄哲夫（1921.8—2017.4），平地中心村人，学名福禧。1941年6月考入位于江苏常州的汪伪中央空军学校，1943年毕业后留校工作。1944年冬，由于对现实不满，时任汪伪少尉飞行员的黄哲夫与副总队长吵架，受到处分，不久因思想激进被开除军籍。黄哲夫几经周折，潜居南京，萌生了投奔光明的强烈决心。1945年3月，黄哲夫在南京与时任汪伪空军少校飞行教官周致和多次商议，决定驾机起义，飞向延安。

黄哲夫在整个行动中起到了极为重要的作用。7月上旬，他与原国民党空军8大队轰炸员秦传家一道，在安徽宣城县同中共游击队和新四军取得联系。几天后，由中共安徽宣城县委安排，黄哲夫在一个班战士的护送下，穿过碉堡林立的敌人封锁线，步行到达浙江长兴县，见到了中共苏浙军区司令员粟裕。粟裕当即表示欢迎，并立刻向新四军军部和党中央报告。党中央复电“待机而动，配合反攻”。黄哲夫与粟裕商

于飞（黄哲夫）在飞机上

定，两人分别以“于飞”和“左如”作为代号进行联系。

7月中旬，黄哲夫按照中共苏浙军区刘先胜参谋长亲自规划的“天目山区、张渚、宜兴、常州、南京”路线，有惊无险地回到南京，与周致和先后找到志同道合的汪伪空军少将、航空处主任白景丰及航校飞行教官吉翔、空军上校参赞何健生等人，共商计划和航线，确定由周致和负责将飞机搞到手，并担任正驾驶；黄哲夫担任副驾驶、领航并负责与中共联系。其他汪伪空军人员随机应变，从陆路起义。

1945年5月8日，法西斯德国签署无条件投降书，第二次世界大战欧洲战场的战争宣告结束。1945年7月26日，《中美英三国促令日本投降之波茨坦公告》发表，日本的战败投降就只是时间问题了。8月15日，日本宣布无条件投降，南京汪伪政权人心惶惶，日趋混乱。

1945年8月19日，周致和在精通日语的赵乃强帮助下，控制了汪伪的专机“建国号”。黄哲夫立即通过中共扬州军分区政委程明给延安发报：“日内有机来延安，万勿误为敌机。”

8 月 20 日上午，扬州机场上“建国号”整装待发。飞行员周致和、赵乃强、管序东和空勤机械士沈时槐、黄文星随即登机，飞机开始滑行……

那天，黄哲夫一大早就来到机场边，远远看见飞机周围有不少人，因其已无军职，不能靠近，便隐蔽起来。当飞机滑行到掉头对风向时，黄哲夫一跃而出，迎着飞机跑去。“建国号”看到他，便停止滑行，打开舱门，黄哲夫迅速登机，跑到驾驶舱对周致和说：“赶快起飞！”

马达轰鸣，“建国号”像一匹天马，在跑道上奔驰，随即腾空而起，告别浩浩长江，展翅北飞。

毛泽东对这次起义行动高度重视，当天亲拟电文为起义飞机安排降落机场。

6 个多小时后，飞行了 1200 千米的“建国号”终于降落延安。

8 月 21 日，黄哲夫起草了一份给毛泽东和朱德的报告，表示愿意参加革命的决心，同时报告还有其他航空人员将起义到解放区来。起义机组人员在报告上

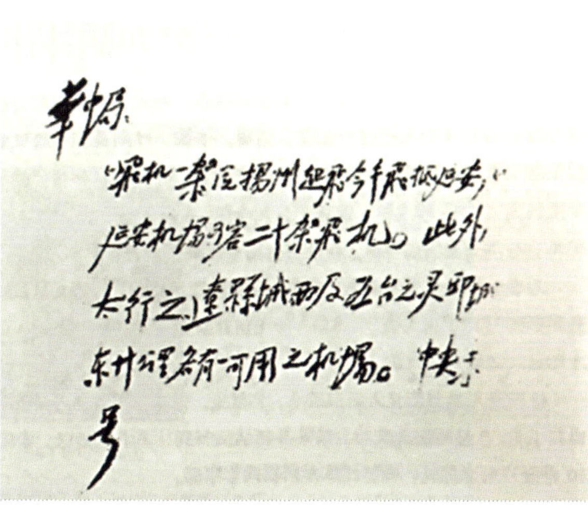
华中局：
“飞机一架从扬州起飞今午飞抵延安，”
延安机场可容二十架飞机。此外
太行之辽县城西及五台之灵邱城
东北[illegible]各有一可用之机场。中央
号

毛泽东亲拟的电文

签名时，黄哲夫用了“于飞”这个名字，并将改名原因和想法告诉大家，主要是不使在敌占区的家属及后续起义人员的行动受到影响，于是大家也都改了名字。

当天晚上，朱德总司令、叶剑英参谋长在延安王家坪八路军总部接见并设宴欢迎全体起义人员，同席陪同的有罗瑞卿、杨尚昆、胡耀邦等。

参加这次起义的还有白景丰、何健生、吉翔、陈静山、秦传家等人，他们在中共地下组织的指引下，于 1945 年 8 月、9 月间，分批携带眷属到达新四军军部，从此走上了革命的道路。

对 8 月 20 日“建国号”起义，我党给予了很高的评价，《当代中国丛书》（军事卷）之《当代中国空军》写道：“它是第一架由敌人营垒起义飞往延安的飞机”“这次起义行动，开创了从中国共产党的敌对阵营中驾机起义投奔革命的先例”。中国空军司令部编印的《空军资料》，也将这次起义列为驾机起义大事记的第一件大事。值得关注的是，这些起义人员不仅为人民军队提供了第一架起义飞机，而且他们还是真正懂得并掌握飞行、机务及航空管理等航空知识的专业人才，为培养优秀的空军人才、为人民空军的创建立下了不朽的功绩。1945 年 8 月 28 日，毛泽东、周恩来、王若飞到重庆参加国共谈判所乘飞机就是由他们负责维护保养的。在起飞之前，三位领导人还特地接见了机组人员。

1945 年 10 月，于飞在延安由胡耀邦介绍加入中国共产党，同年 10 月 15 日，奉命赴东北筹建我军第一所航空学校。他历任飞行教官、科长、飞行大队长、飞行技术检查主任，曾担任 1951 年和 1952 年首都国庆阅兵空军指挥中心主任。1956 年，于飞转业到国防体育协会、国家体委，先后担任航空干部训练班副主任、滑翔学校副校长、国家体委计划司器材处处长、国家体委体育文史工作委员会办公室主任等职务，并受聘为中国航空体育运动协会副主席、中国航空博物馆研究员、中国航空史研究协会顾问。

于飞曾获中国人民解放军颁发的驾机起义证、飞行荣誉证章和证书。2015 年，他获得中共中央、国务

于飞（左二）与张华（左三）、秦传家（左四）在东北民主联军航校工作时留影

1950 年 5 月，于飞（后排右一）与空军第四航校首批速成班学员合影留念

1998 年 10 月，于飞（左三）回平地探亲

2015 年，于飞获中国人民抗日战争胜利 70 周年纪念章

院、中央军委颁发的“中国人民抗日战争胜利 70 周年纪念章”。

1990 年 6 月，于飞离休。2017 年 4 月 20 日于北京同仁医院逝世，享年 96 岁。于飞驾机起义的英勇事迹，永载史册。

于飞纪念碑

5 跨过鸭绿江 青山埋忠骨

革命烈士黄敬康

黄敬康（1922—1952），平地中心村人。1947 年 5 月参加中国人民解放军，在部队的一年里，他刻苦训练、虚心好学，各方面进步很快、表现优异，于 1948 年 5 月光荣加入中国共产党。之后，黄敬康转战长城内外、大江南北，先后参加了解放战争的辽沈战役、平津战役、宜沙战役和湘西剿匪。他作战勇敢，多次荣立军功。

1951 年 2 月，正在湘西剿匪作战的中国人民解放

黄敬康获得的纪念章

军第47军奉命参加第二批志愿军入朝作战。黄敬康随部队跨过鸭绿江，任中国人民志愿军第47军140师418团警侦2连排长。面对武装到牙齿的强大敌人，黄敬康斗志高昂、毫不畏惧，机智灵活、敢打敢拼。1952年12月28日，黄敬康在高旺里以北的战斗中壮烈牺牲，战友们怀着悲痛把他安葬在停战线附近的连川郡张木同县。1953年4月10日，中国人民志愿军政治部授予黄敬康“革命烈士”称号。1983年8月20日，中华人民共和国民政部颁发“革命烈士证明书”。

革命烈士证明书

黄敬康 同志 在抗美援朝战争中 壮烈牺牲，经批准为革命烈士，特发此证，以资褒扬。

中华人民共和国民政部
一九八三 年 八 月 二十 日

黄敬康革命烈士证明书

黄敬康烈士牺牲时未满30岁，他的一生虽然很短暂，但却是光辉的一生！他为了国家南征北战、屡立战功，抗美援朝浴血奋战、气壮山河。

“雄赳赳，气昂昂，跨过鸭绿江，保和平，卫祖国，就是保家乡……”战歌嘹亮，英雄不朽。

6 兄弟齐抗美　援朝保家国

1949年10月1日，中华人民共和国成立，全国人民开展了热火朝天的建设高潮。1950年6月，朝鲜内战爆发，其后美国纠集“联合国军”进行武装干涉，战火烧到了鸭绿江畔。1950年10月，为捍卫国家安全，中国人民志愿军奉命开赴朝鲜战场，同朝鲜人民和军队并肩作战。其时，平地中心村的黄业彬、黄业标两兄弟为热血青年，他们曾亲尝日军侵华时期全家人去三水芦苞避难的苦楚，也见证了国民党统治时期的腐败，更看到了新中国朝气蓬勃的新气象，当国家提出“抗美援朝，保家卫国”的号召时，他们积极响

黄业彬军装照

应、踊跃参军，奔赴抗美援朝最前线。

黄业彬，1930 年 11 月出生，在兄弟姐妹中排行老大，1939 年入读德政小学，1945 年 9 月考入南海石门中学，1948 年 7 月初中毕业回平地务工。1950 年 1 月考入广州军政大学，1950 年 7 月分配到空军工作，曾驻守沈阳空军铁岭军械仓库。1951 年 5 月奔赴抗美援朝空军最前线的辽东大孤山机场，负责飞机汽油、弹药、器械等军事物资的管理工作。因其认真勤恳、表现突出，在火线上加入了中国共产党。1958 年 11 月，黄业彬退役到沈阳地方农场，1960 年 5 月回南海县盐步医院工作，1979 年 4 月调至广州市第五十中学管理校办工厂，1991 年 11 月以干部身份光荣退休。

1950 年 6 月，黄业彬（右）与黄业标（左）在广州合照

黄业标，1933 年 11 月出生，在兄弟姐妹中排行老二，1939 年在北溪黄公祠黄人初办的私塾读书两年，1941 年转入德政小学，他自幼参与“黄群英社”学习

黄业标军装照

舞狮和武术，骨子里崇文尚武。1946 年 9 月考入南海石门中学，1947 年转入广州南海中学至 1949 年 7 月初中毕业。1949 年 10 月在广州解放前经本校袁利生、曾乃众介绍加入中共领导的广州地下学联，1949 年 10 月 14 日广州解放，同年 12 月他转入新民主主义青年团。1950 年 9 月考入广雅中学就读高中。

1950 年 12 月在青年团广州市委组织引领下，黄业标在广雅中学参加中国人民解放军，投身广州白云机场建设。1951 年 1 月调去湖南衡阳空军军校学习训练，后转到湖北孝感空军军校学习，1951 年 7 月编入中朝人民空军联合司令部汽车团器材股任文书，驻守朝鲜

1954 年 2 月，黄业彬（左）与黄业标（右）在沈阳合影

黄业彬佩戴纪念章

黄业标佩戴纪念章

长林里。他们在极其恶劣和残酷的战争环境中，用汽车运送水泥、木材和钢板等物资，多次修建飞机场，由于美国空军狂轰滥炸，机场每修一次就被炸毁一次。他们白天开车，遇到敌机来袭，就紧急躲避；晚上开车，也不能开灯。尽管条件非常艰苦，但他们无所畏惧。黄业标入朝两年多，经历了血与火的洗礼，因出色完成任务，1953 年立三等功一次，并获朝鲜政府颁发的军功章一枚。

朝鲜战争停战后，黄业标随空军汽车团驻守洛阳，1955 年被授予少尉军衔。1957 年，他到空军后勤学校学习两年，1958 年 9 月加入中国共产党。毕业后回原部队汽车团当教员，后在团部当运输参谋。1973 年 12 月，他退役安置到广东省机械学校，多次被评为先进工作者，曾任科长、副处长、机关党总支书记和党委办副主任，1993 年 11 月以正处级待遇退休。

山河无恙，家国安宁。2020 年 10 月，黄业彬、黄业标两兄弟均获中共中央、国务院、中央军委颁发的“中国人民志愿军抗美援朝出国作战 70 周年纪念章”。

中国人民志愿军抗美援朝出国作战 70 周年纪念章

他们虽然是无数志愿军中的普通一员，但他们慷慨激昂、保家卫国的情怀，英勇顽强、舍生忘死的革命英雄主义精神，永远值得人们称赞和敬佩，并成为人们砥砺前行的强大力量。

7 铁血铸军魂　大医显风范

黄森贤，平地学正村人，1937 年 9 月 出 生。1950 年以德政、邵边、横江和盐步四间小学会考第一名的优异成绩从平地德政小学毕业，荣获“出类拔萃”奖。1953 年初中毕业于南海石门中学，1956 年高中毕业于佛山第一中学，

1950 年，黄森贤获“出类拔萃”奖

同年6月考入西安解放军第四军医大学医疗系，1961年7月大学毕业，1962年2月被分配到云南解放军62医院，从此开启了长达34年的军医生涯，直到1996年退休。2020年初被核定为正师职务、副军级待遇。

黄森贤军医大学毕业照

1962年初，黄森贤随我军步兵117团在云南勐海靠近老挝国境线上与国民党残匪作战，经受了艰苦的锻炼和严峻的考验，并以过硬的军事素质和专业技能，获得了该营教导员“经得起考验”的高度肯定。

1966年10月，黄森贤与栗琼芬新婚才10多天就奉命随解放军62医院参加抗美援越战争。当时，美军在越南北方投下了大量的炸弹、钢珠弹、菠萝弹、子母弹、气浪弹、导弹、火箭弹和机关炮弹；B52轰炸机投下的一枚2000磅炸弹，炸出的弹坑就像一个大鱼塘；而F105型飞机俯冲下来发出的巨大怪叫声更是十分吓人。整个越南战场烽火连天、满目疮痍，非常恐怖。

军医黄森贤

1966年12月的一天，美军出动100多架飞机轮番轰炸我军在越南安沛的高炮阵地，场面十分惨烈。医疗队不顾一切、奋勇抢救伤员，受到我军高炮65师的通令嘉奖。其后，黄森贤又临危授命，以二分队队长兼指导员身份前往越南莱州大桥第一野战医疗所参与救护工作。其时，越南夏季天气酷热、气温灼人，而敌机日夜轰炸，我军伤员甚多。医疗队在十分危险和极其简陋的条件下，不分昼夜连续工作，争分夺秒抢救伤员，汗水浸湿了白大褂，许多医疗队员们中暑晕倒，醒来又投入工作。当血库无血时，医护人员就挽起袖子当场献血，无数伤员的生命就这样被他们抢救过来。

1967年的一天，黄森贤和战友接到了六支队卫生院的紧急求援，他们俩冒死通过敌军的封锁区，在悬崖峭壁上险些掉落急湍的莱州河。当他们赶到时，越南伤员已停止了呼吸和心跳，黄森贤马上对其进行人工呼吸，并采取胸外心脏按压复苏抢救，成功救治了该名伤员，其家属感激不尽。

战争非常残酷，条件极其艰苦，但黄森贤和战友们意志坚定，迎难而上，没有防空洞就自挖战壕，没有新鲜蔬菜就吃脱水菜干。此外，他们医疗所和警卫排还两次击退敌人冒充越南军的偷袭，誓死保卫伤病人员。他们凭着“一不怕苦、二不怕死”的大无畏精神，英勇顽强地奋战在抗美援越的最前线。仅1967年，黄森贤所在的医疗所进行战地救护112次、会诊327次、手术2768次，救治我军伤病员3473人、越南军民1147人，出色完成了战场救护任务。黄森贤也在火线上转为中共正式党员。解放军62医院将其事迹写进了院史，称赞其“履行国际主义，为增进国际人民友谊，写下光辉灿烂的一页。”1968年5月，黄森贤随部队换防回国前夕，越南国防部官员代表胡志明主席授予他们“抗美援越纪念章”。

1971年3月，黄森贤的妻子栗琼芬也遵照部队命令，随解放军62医院野战医疗所出征抗美援越，来到了驻守老挝胡志明小道的“雷锋团”，参与军用物资和后勤给养运输线的医疗保障工作。1971年4月9日，栗琼芬与女护士陈汉美随汽车运送军用物资，在经过老挝南塔省的一段崎岖山路时，汽车不幸翻侧，陈汉

1971 年 3 月，栗琼芬在老挝胡志明小道

1972 年 4 月，栗琼芬（前排左六）回国前与部队官兵合影于老挝南塔省

美与物资一起掉入湍急的湄公河。栗琼芬虽然也被抛落山崖，但她冒着生命危险，奋力爬到河边，英勇地救起了战友。而她因腰椎严重滑脱，剧痛倒地，光荣负伤了。全体官兵都为她舍己救人的事迹所感动，纷纷要求为她报功嘉奖。1972 年 4 月，栗琼芬回国，之后她勤奋学习、刻苦钻研，成为一名优秀的女军医，为伤病员做手术无数，多次受奖，部队官兵一致称赞她为“女英雄”。

国际形势风云变幻，地缘政治错综复杂。可谓“没有永远的敌人，也没有永远的朋友”。

1979 年 2 月 17 日，我国对越自卫反击战打响，黄森贤随即参加云南江城战区的救护工作。1986—1987 年间又受江城步兵 118 团首长指示，带领医疗队员参加“解救分队”，在云南江城大青树边境，成功解救出被越南兵围困于坑道内多日的我军 10 多名官兵。

黄森贤始终以服从命令、听从指挥为军人天职。在战火纷飞、硝烟弥漫的战场上奋不顾身、视死如归，充分展示了中国军人血染的风采。

作为一名军医，黄森贤先后担任昆明军区 22 分部军医护士培训队队长、教员、卫生处助理员，解放军62医院内科主任、特诊科主任、303分院院长和党支部书记。身为战地一线的救护人员，他不断辗转于各大战场，其救死扶伤、舍己为人的精神，深受前方将领、军区和地方媒体的好评。1991年12月，他被成都军区评为优秀科技干部，1992年12月，晋升为教授级主任医师。

1982—1995年，云南广播电台、思茅市电视台多次播出他的先进事迹，高度赞扬其心持大爱、医德高尚，在简陋的医疗条件下，多次救治了危重和难以治疗的病人。1994年7月27日，国家《健康报》在题为“军人的使命是奉献”的文章中，称赞黄森贤“在艰苦的边境几十年顾不上瘫痪和病重母亲，却医治好了山区无数军民。是戎马一生、奉献边疆的军人。”

黄森贤长期从事临床医学和抢救工作，经验十分丰富，又勇于探索，在医学研究特别是长寿养生方面敢于突破，成果丰硕，获奖无数。

1990年，黄森贤参与的《中国脑血管病流行病学调查研究》获军队科技进步一等奖；1992年7月，

黄森贤参与的《中国脑血管流行病学调查研究》获军队科技进步一等奖

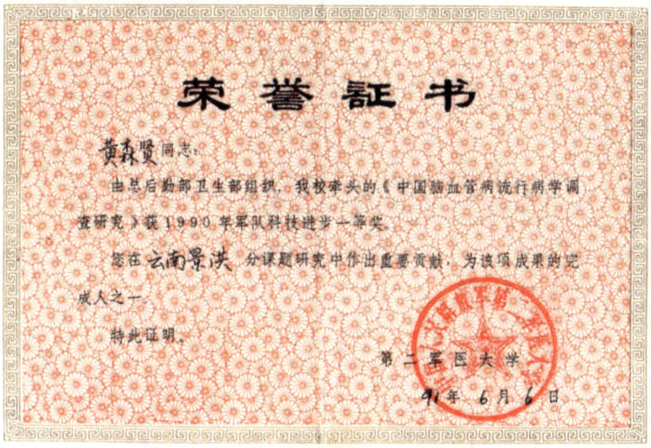
荣誉証书

黄森贤同志：

由总后勤部卫生部组织，我校牵头的《中国脑血管病流行病学调查研究》获1990年军队科技进步一等奖。

您在云南景洪分课题研究中作出重要贡献，为该项成果的完成人之一。

特此证明。

第二军医大学

91年6月6日

他参加在长春召开的世界自然医学大会，用英语演讲“云南景洪长寿老人养生长寿因素调查分析”的报告，受到世界各国专家的好评；同年8月，他荣获国际自然医学会颁发的世界论文证书；1993年，他的“云南景洪傣族80岁以上老者长寿因素调查研究”项目获军队科技进步三等奖；此外，他关于云南景洪地区脑血管病、神经系统病、长春和景洪中风危险因素、肾病和肝脏B超探查等调查、分析、诊断和对比的研究成果先后获军内外科技成果奖5项。

1994年，他在《中华超声影像学》发表医学新观点，提出了“人体大结石无声影”的新发现，论述了超声机理及临床意义，论文被翻译成英文版与外国交流，得到美国超声医学专家和国内同行的充分认同和高度肯定，从而修正了超声医学教科书。

多年来，黄森贤在《国际自然医学》《中华内科理论与实践》《中国慢性病与控制》《中国超声医学》《西南五省两市医刊》等世界级、国家级和省级杂志上发表论文共33篇。其中，黄森贤与他人合作撰写的《思茅中草药》和《中华内科理论与实践（二）》图书

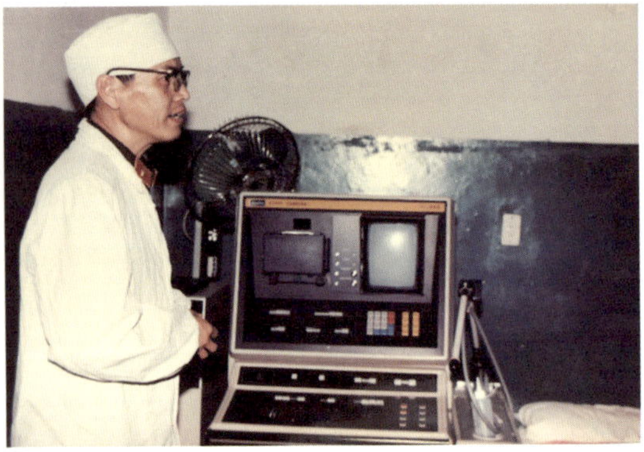

黄森贤研究超声影像

Certificate For World VIP

Mr/Ms Huang Sen-Xian

Due to your outstanding achievement to society, your biography is included in the ***Who's Who In The World*** (chinese Volume) which is a large series of historical volumes for international communication. We hereby award this certificate.

World Cultural And Arts Research Centre
HongKong China
International Interchange press
December 12.1997

世界名人證書

黄森賢先生/女士：

由于您對社會的傑出貢獻，您的傳略被收錄刊登在《世界名人錄》（中國卷）大型國際交流系列史册中，特頒此證。

世界文化藝術研究中心
香港中國國際交流出版社
一九九七年十二月·香港

1997 年，黄森贤获世界名人证书

出版，发行全国。1997 年 12 月，他荣获世界文化艺术研究中心颁发的世界名人证书。

黄森贤投军报国、效命疆场，沉潜医学、著书立说，共立功、获奖和受嘉奖 30 多次。其军人本色、学者风范，值得人们尊敬和仰望！

8 专注核工业　深耕结硕果

黄灿华（1942—2014），平地中心村人，研究员级高级工程师。幼年就读于德政小学，后因兄弟姐妹众多，家庭困难，无力供其读书而停学年余在家劳动。但黄灿华没有因此放弃学业，他酷爱读书，胸怀大志，每天清晨都拿着书本、唱着歌，去牛栏牵牛放养，他的歌声仿佛是催学童们上学的铃声。他一边放牛，一边手不释卷，成为平地乡间一道靓丽的风景和美谈。1957—1963 年，他在盐步中学读初中和石门中学读高中。1968 年，黄灿华在华南工学院化工机械系毕业后进入上海机床厂工作。1974 年，他调入中国科

核电专家黄灿华先生

学院上海原子核研究所，参加遵照周恩来总理指示组建的728工程即秦山核电厂的设计工作。从此，黄灿华便与核工业结下了一生之缘。

秦山核电站结束了中国内地无核电的历史，标志着“中国核电从这里起步”，被誉为“国之光荣”。这零的突破也是中国军转民、和平利用核能的典范，使中国成为继美国、英国、法国、苏联、加拿大、瑞典之后世界上第7个能够自行设计、建造核电站的国家。不久，他进入中国船舶重工集团公司718研究所，参与研制我国第一台核电专用催化复合消氢装置的工作，该成果填补了我国在此领域的空白。

1983年，黄灿华转入上海核工程研究设计院。在从事核工业设计之余，1985—1986年间还参与浙江长兴发电厂、浙江岱山发电厂、广东中山纸厂的自备电厂等多个燃煤发电厂的设计工作。

21世纪初，黄灿华作为安全设施系统设计负责人，参与我国第一个用于出口的商用核电站——“巴基斯坦恰希玛核电厂”的设计和现场技术指导。他兢兢业业、不辱使命，把中国人民的情谊和核电的光明留在了巴基斯坦。自 2000 年该核电站投产运营至今，安全指标和运行业绩良好，被国际原子能机构评定为“最佳运行核电站”。巴基斯坦政府和人民对此十分满意，永存感激。恰希玛核电站建设的成功，是中巴两国友好合作的结晶，也是“南南合作”的典范。

2003 年，黄灿华参与“巴基斯坦恰希玛核电厂（二期）”的设计，任设计院现场经理部副总经理，主要负责核工艺的设计审核。2004 年，黄灿华奉调回国参加某军用研究反应堆工程设计工作，任项目的副总设计师。

后来，黄灿华在 100 万千瓦级大型核电站的设计中，参加了 CNP1000 等大型核电厂方案设计和山东海阳核电厂等的可行性论证工作。他多次参与核工业行业标准的编写，并屡受国家核安全局的委托，负责有关核电厂设施安全分析报告的评审工作。

黄灿华一生深耕核工业，屡获中国工业部科技进

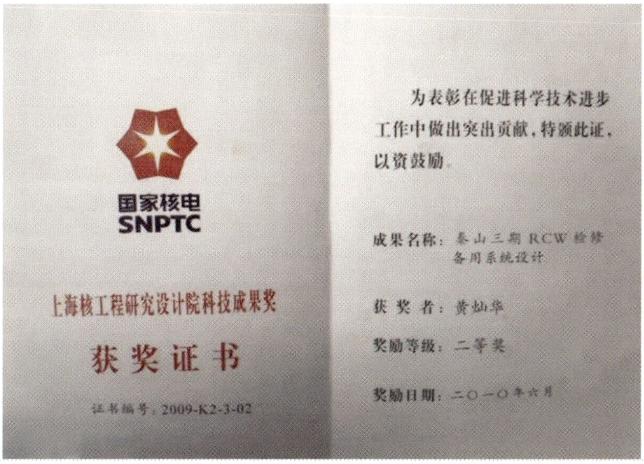

黄灿华先生的获奖证书（1）

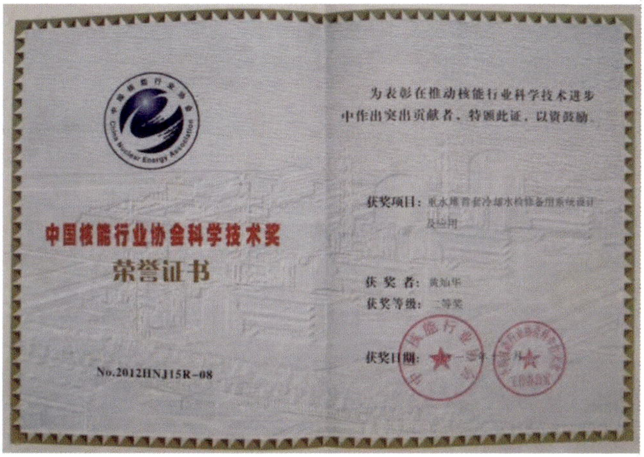

黄灿华先生的获奖证书（2）

步奖，主要有1997年的“秦山核电厂专设安全设施系统设计与研究”二等奖；1999年的“秦山核电站辅助给水系统实验”三等奖。作为核心人物之一，“重水堆首套冷却水检修备用系统设计及应用”获2012年度中国核能行业协会科学技术奖，2015年获上海市科技进步三等奖。

2014年12月1日，黄灿华因病在上海逝世。在核工业设计工作的征途上，他留下了一连串金灿灿的足迹，华彩照人。

9 制糖业翘楚　甜蜜献祖国

制糖专家黄振勋

黄振勋（1910—1990），平地学正村人，1910年生于浙江杭州。其父黄朗川，20世纪30年代曾任国民政府中国海关总署副税务司，黄振勋为其第五子。黄振勋是我国现代制糖工业创始人之一、著名制糖工业专家，国家轻工业部（食品工业部）轻工业局、糖酒工业局、制糖工业局、食品工业局总工程师，第三届全国人大代表，第二届及第五届全国政协委员。

1932年，黄振勋于北平燕京大学毕业并获理学学士学位，同年就职于广东岭南大学法学系任助教。1935年赴美国路易斯安那大学糖业工程系读书，两年后获硕士学位。他怀着科技救国的理想，放弃了在美国的优厚待遇，毅然回到局势动荡、内忧外患的祖国，开始了自己“甜蜜的事业”。

1938年，黄振勋在四川内江参与建立中国第一个甘蔗试验场，并担任糖业科研负责人。1939年，他任四川省华农糖厂厂长。1940年12月，经多方努力，他在内江三元井兴建中国联合炼糖公司，并任总工程师兼工务主任，对制糖机械设备的设计、制造、安装、开机等都亲力亲为。经两年艰苦奋斗，第一个完全由中国人自行设计建造的机械化糖厂诞生了。一批制糖工程人员在他的悉心指导下，逐渐掌握技术要领，成为我国早期制糖工业的骨干力量。

1945年夏，黄振勋以考察员身份赴美考察糖业机械制造。1945年8月，日本投降后撤出台湾。翌年，在美考察的他被调往台湾任台湾糖业公司副总工程师兼苗栗糖厂厂长。他提出将台湾闲置的糖厂全部迁往大陆并制定了详细迁移计划，计划获批后，黄振勋被任命为台湾糖厂迁大陆工程委员会主任委员。1948年初，他带领人员将台湾花莲港附近闲置的两个糖厂设备陆续拆迁搬回广东番禺市头村及四川资中等地。

中华人民共和国成立前，在台湾的知识分子和有识之士被国民党特务严密监视，形势空前紧张。他原定在 1949 年 9 月 18 日乘船离开台湾，但发现被特务盯梢，便暗中改乘 14 日的飞机离开台湾到达香港。由于时间紧迫，他只能带走三个子女，其后他的夫人杜兆林历经辗转方回到大陆。

中华人民共和国成立后，黄振勋应时任中央直属的广东糖业公司军管代表兼总经理邢贻行邀请回国，并将“台湾糖厂迁大陆工程委员会”的大量公款移交祖国。

黄振勋归国后担任广东糖业公司总工程师兼技术室主任，经常带领工程技术人员深入各地糖厂指导工作。他亲自授课并编写技术资料，帮助解决生产技术难题，使各地糖厂的生产业绩节节上升，压榨量和回收率都远远超过 1949 年前的水平。

黄振勋亲自参与制糖科技的创新工作。1953 年，他同甄汉胜、陈炳尧、陈世治等人一道研究创造了新的煮糖法，大大提高了煮糖效率，并将此法命名为“五一煮糖法”，以纪念“五一”国际劳动节。他非常重视学习国外的先进技术，在轻工业部工作期间，利用援助缅甸新建甘蔗糖厂的机会，从德国引进新型分蜜机供国内参考制造，更新了我国制糖行业的设备，令广东制糖生产热火朝天，呈现出欣欣向荣的景象。

1954 年，黄振勋调往中央机关工作。1964 年，他在第三届全国人大会议上提出要大力发展我国制糖业，得到周恩来总理的高度重视，亲自组织小组讨论。“文化大革命”后期，他被借调到广西工作，协助发展广西的制糖业。他深入农村、工厂进行实地调研，科学制订广西糖业发展规划，为广西糖业发展谋篇布局并做好了长远安排。

1976 年，打倒“四人帮”之后，黄振勋回到轻工业部工作。他心情振奋，夜以继日，奔波于全国各个产糖省区，志在于有生之年追回在“文化大革命”期间失去的宝贵时光。1990 年 2 月 5 日，黄振勋于北京病逝，享年 80 岁，后葬于八宝山革命公墓。

黄振勋是一位非常值得人们尊敬的中华人民共和国第一代爱国知识分子。他满怀爱国热忱，沉醉于制糖事业，其奉献精神和严谨作风永远是人们学习的好榜样。

⑩ 倾力开新局　搞活南大门

陈棠先生

陈棠，1936 年 9 月出生，平地道头村人，7 岁入读道头私塾，10 岁进平地德政小学读书。在兄弟 6 人中，陈棠排行老大。因家庭生活困难，1950 年 1 月，他才 14 岁，正在读小学五年级，就被父亲带去广州米粮行做杂工，赚工钱以帮补家用。由于他勤奋刻苦、踏实肯干，16 岁就当选为广州清平街米粮工会主席。1954 年，广州米粮行业开始公私合营，广州中区工会推荐他为中区消费合作社办事员。因其工作表现出色，1955 年 6 月光荣加入中国共产党。随后，他 19 岁就担任广州解放南路零售店经理。1956 年公私合营结束后，任广州副食品公司中区管理部党总支副书记。

1958—1964 年，他先后任广州中区商业局业务科长、越秀区商业局党委副书记、越秀区委财贸部副

气势宏伟的中国大酒店

部长等职务。1965 年，他相继任广州市服务局党委委员、广州市饮食服务公司党委书记兼经理。正当他想趁年轻、精力充沛，努力大展拳脚、干一番事业之时，1966 年 5 月“文化大革命”爆发，“造反派”将其作为“走资派”进行反复批斗，身心遭受了严重伤害。1967 年下半年实行“军管”后，他被任为广州饮食服务公司革委会副主任，尽心尽力做好本职工作。

1978 年 12 月，党的十一届三中全会胜利召开，全国开始解放思想，迈入了以经济建设为中心的新时期。1979 年，陈棠被任命为广州市服务旅游局党委委员、副局长。1980 年，他被委以重任，负责筹建中外合作的中国大酒店。当时，胡应湘、李嘉诚、李兆基、郑裕彤、郭得胜、冯景禧等六大香港富商投资 1.65 亿美元，选址越秀公园西边、中国出口商品交易会南面的“象岗嘴”，建设用地 1.9 万平方米、建筑面积 18 万平方米，设有客房 1200 间、公寓 300 套的五星级酒店。陈棠兼任酒店董事长，他不辞劳苦、日夜操劳，狠抓工程进度，努力将其打造成为中国内地著名的五星级酒店之一。

陈棠（左四）与卜格先生（右三）两家人合影

1983年10月，中国大酒店开张试业。初期，香港方面派驻的咨客、前台、客服、厨师、财务和中高层管理团队有300多人，职工也有3500多人。为切实做好对外服务和管理工作，陈棠找到时任广州市委第一书记梁灵光，经其特批聘请在菲律宾首都马尼拉从事酒店管理的西德人卜格先生为总经理。由于酒店地理位置优越，紧邻中国出口商品交易会，可谓饮了“头啖汤”。加上经营有道、服务优良，故客似云来，最兴

1986年，陈棠（四排左四）与广州市委书记朱森林（前排左六）和卜格先生（前排左七）等广州市荣誉市民合影

陈棠（后排左一）陪同广州市委书记高祀仁（前排左二）、正大集团董事长谢国民（前排左三）参加广州万客隆开业

旺时一年就有2亿多元的经营利润，开张第九年就全部收回了投资成本，第十年就开始了利润分成，堪称当时全国中外合作的一个成功范例。

1983年，陈棠任广州服务旅游局局长，主管中国大酒店、东方宾馆、广州宾馆、流花宾馆、矿泉宾馆和爱群大厦等广州六大酒店和宾馆，并负责旅游、出租车、饮食、旅业服务等公司的管理，他带领数万职工一心一意努力做好各项服务工作。1985年，他升任广州市政府商业委员会党组书记兼主任，主管广州的百货、市场、粮油、农副产品、水产、工商、供销、石油、旅游及财贸干部学院。他积极响应广州市委、市政府“打开城门，放开价格，万商云集”的战略部署，勇于开拓、敢于创新，全力推动广州商业改革，为全国市场经济发展先行探路。一是在全国率先取消粮票、油票、肉票、布票和煤票等各类票证，放开市场价格，搞活流通领域。二是在广州友谊商店先行试点，实施从柜台交易转为开架售货模式，此举在全国各大商店首开先河，发挥了巨大的示范引领作用。三是与荷兰万客隆和泰国正大公司合作，在广州三元里

投资建成了用地2.3万平方米、建筑面积4万多平方米的万客隆商场，在全国最早实行仓储式零售批发，减少了中间环节，方便了客户选购，引领了时代潮流。

广州是中国的南大门，毗邻香港、澳门，一直以来商业十分繁华，有“千年商都”之称。自1957年4月开始，广州每年都举办春秋两届的中国出口商品交易会，其时万商云集，一派热闹景象。为配合做好每届交易会接待工作，陈棠参与和带领属下的宾馆、酒楼和出租车公司，全力以赴以最优质的服务做好各项工作。1986—1996年，陈棠当选为中共广州市委第五、第六届委员，同时兼任中国商业联合会第一、第二届副会长和广州商业总会第一、第二届会长，积极推动广州商业进一步繁荣发展。

1995年3月，陈棠当选为政协广州市第八届党组成员、副主席，分管提案工作。他筹建了新的政协广州大楼，并努力围绕事关人民群众切身利益的重大经济项目、交通路网基础设施、环境治理、文化、教育和医疗等问题进行协商议政，助力广州经济社会的全面、协调、健康和可持续发展。

1997年8月，陈棠（前排左五）与广州市领导、政协委员代表合影

2002年，陈棠65岁退休，为广州副市级领导干部。陈棠从做杂工开始到做工农干部，一直做到广州市的党政领导，离不开他的边干边学、边学边干。1953—1960年，他参加广州工会举办的工人进修班，完成了初中学历。1985—1988年，他为适应工作和时代需要，又参加广州财贸干部学院进修，取得了大专文凭。他坚持学习、实践，再学习、再实践，做到学以致用，不断总结提升，一步步锻炼成长为优秀的领导干部。其善于学习、敢于开拓的精神，踏实做事、讲求实效的干劲，不愧是人们建功立业的学习楷模。

第六篇　健儿展风采　龙狮齐腾跃

平地人强身健体自有其优良的传统和广泛的民间基础，这里的体育健儿勇于拼搏，这里的龙狮提振了一方的精气神，全民健身运动的开展形成了积极向上的精神风貌，平地不愧是体育之乡。

1 体育之乡村　运动身健壮

长期以来，平地广泛开展武术、醒狮、龙舟、球类、田径、游泳、踢毽、弈棋等民间体育活动。

20 世纪初，西方近代体育通过新式学堂传入中国，体操、球类、田径、游戏等项目在全国逐渐兴起，成为摆脱“东亚病夫”的一项有力举措。在 50 年代，平地以篮球为代表的群众性体育运动得到了新发展；到了 60 年代，各村的泥地篮球场相继涌现，其中平地中心村、泗沥、华村等自然村的篮球活动非常活跃。在农闲或晚上，人们经常见到篮球爱好者竞技投

1959年7月，平地小学篮球队合影，其中有张伯希老师（后排左一）、张汉槐老师（后排右一）、黄竞（二排左一）、黄冠勋（后排左二）、黄汉威（二排右二）

篮的矫健身影。

1949年之前，平地德政学校就已扩充和增添了体育场地和设施。后来，以平地小学为主的体育代表队在各年代曾创造不少体育赛事的辉煌。其田径队在参加盐步地区的比赛中获得过30多次团体总分第一名，多次获南海县（市）、佛山地区的大型赛事冠军。1987年，平地小学被定为佛山市业余田径网点学校；1992年，被评为佛山市体育先进学校。

改革开放后，平地的群众性体育运动迎来了新时

20世纪70年代末，林方老师（前排中）与石门中学体育老师陈佩琼（前排右一）在越秀山露天泳场

1986年，平地小学参加盐步区田径运动选拔合影留念

期。从 1986 年开始，每年正月初一，平地都组织举办群众性体育比赛及游园活动，主要有篮球、足球、乒乓球、拔河、象棋等项目，亦有趣味性的游园活动，参加的单位及群众极为踊跃。

1994 年 9 月，平地组织了较大规模的体育队伍参加盐步镇首届运动会。在历时一个多月的比赛中，平地队在团体操、球类、田径、游泳、举重、棋类等都获得了优异成绩。

1997 年，平地在春节期间开展群众性游园活动

随着群众性体育运动的深入开展，新基、黄边、华村、泗沥、道头、麦边、东约和义基等村都兴建了灯光篮球场。1994 年，平地荣获南海市体育先进管理区称号；2002 年，平地被评为盐步镇体育先进单位。

平地人强身健体意识浓厚，十分热爱体育运动，尖端体育人才脱颖而出，在全国各

21 世纪初，平地组织群众性健身运动

级各类大型体育赛事中抢金夺银，是名副其实的“体育之乡”。

❷ 竞技赛场上　奋勇夺冠军

黄瑞葵（1943.3—2020.9），平地中心村人。1949 年 9 月入读德政小学，1955 年 9 月在石门中学读书，后因游泳成绩优秀而入选南海县体校，多次在县、市、省和全国游泳比赛中获奖。1959 年，她代表广州公安系统参加广东省游泳比赛，获女子自由泳冠军、全国赛第三名，同年参加全国青年蝶泳比赛获得银牌。1960 年初入选国家前卫游泳队。1962 年 8 月转入广州体训游泳队，10 月在全国游泳比赛中获得蝶泳第三名，同年被国家体委授予“运动健将”称号。

少年黄瑞葵

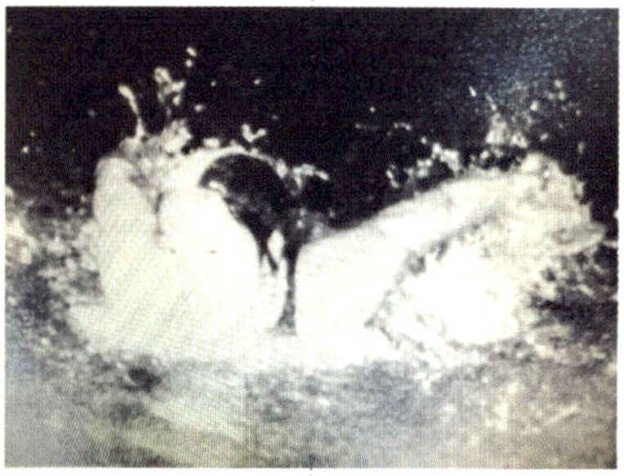

比赛中的黄瑞葵

黄瑞葵工作照

1962 年 12 月，黄瑞葵结束了运动员生涯，被安排在广州市公安局从事刑事技术指纹鉴定工作。她勤奋刻苦，精通业务，1964 年获广州市公安局“三八红旗手”称号。其后，她仍不懈努力，成为指纹鉴定技术高级工程师。20 世纪 70 年代初，她远赴北京参加国家公安部特别专案组指纹鉴定技术工作，能力十分突出，得到同行充分肯定。黄瑞葵先后荣获个人三等功 1 次，受嘉奖 7 次。

黄瑞葵从一名运动健将转型为优秀的指纹鉴定技

20 世纪 70 年代，黄瑞葵在北京

术专家，其身上始终保持着一股顽强拼搏的韧劲和积极向上的精神。

卢顺洁，1955 年 7 月出生，平地义基村人。她从小跟父亲划艇到珠江捕鱼捞蚬，练就一身好水性。1964 年，卢顺洁就读于平地小学，开始迷上田径运动，并在跳高方面崭露头角。1970 年，她在平地小学附设初中班读书时，参加佛山地区中学生田径运动会，获跳高冠军。1972 年，卢顺洁在南海石门中学读高中，被选拔到南海县游泳集训队。同年 9 月，被广州军区体工队招为学员，后正式入伍成为其游泳队队员，主练短距离自由泳。1973 年，她在全军运动会上夺得 100 米自由泳金牌，并在 4×100 米混合泳接力赛中与队友打破全军纪录。1974

卢顺洁

卢顺洁正在训练

1973年，卢顺洁（右一）在全军运动会4×100米混合泳接力赛中与队友打破全军纪录

卢顺洁获奖后纪念照

年，卢顺洁参加“八一”队集训，翌年在全国游泳分区赛上与队友荣获4×100米自由泳接力赛冠军。她多次获得部队嘉奖，并当选为全国妇女代表大会代表。

黄桂珍，1962年10月出生，平地泗沥村人。1970年，就读于平地小学，被体育老师林方选为田径队员，不知不觉就迷上了田径运动。1973—1977年，她多次代表盐步镇参加南海区中小学生田径运动会。1974年，一次就夺得了小学女子组60米、100米、200米短跑三项冠军。1977年，她考入南海石门中学读高中，在陈大森老师的指导和培训下，技术和能力有了很大提升。同年参加该校田径运动会，以4.72米的优异成绩，打破了该校保持多年的女子跳远纪录。1979年，黄桂珍高中毕业后，回到母校平地小学任体育工作者，培养了一批批体育人才。1984年8月，她代表广东省参加全国首届“田径之乡”运动会，获得女子青年组100米短跑冠军及跳远亚军。1993年9月，她荣获广东省南粤优秀体育教师称号。

1991 年，黄桂珍在北京亚运村

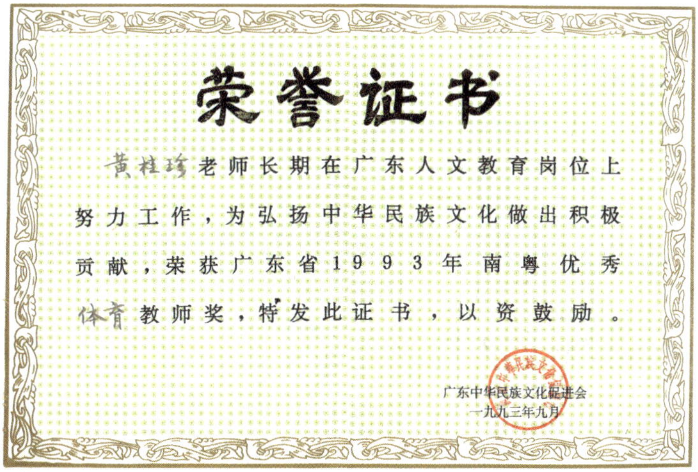

荣誉证书

黄桂珍老师长期在广东人文教育岗位上努力工作，为弘扬中华民族文化做出积极贡献，荣获广东省 1993 年南粤优秀体育教师奖，特发此证书，以资鼓励。

广东中华民族文化促进会
一九九三年九月

1993 年，黄桂珍获广东省南粤优秀体育教师奖陈振华，1983 年 2 月出生，平地泗沥村人。双学士学位，国家级健将运动员。1990 年 9 月就读于平地小学，被体育老师金培星选为田径队员，他尤其喜欢跨栏项目。1996 年 9 月，陈振华小学毕业后被南海业余体校收为正式运动员，首先师从危志锋教练，开启了长达 16 年的体育生涯。后在佛山市体育运动学校赵国雄教练 6 年时间的精心打磨下，他的竞技水平有了巨大突破。2001 年，陈振华获佛山市运动会 110 米栏冠军。2002 年 8 月，他代表佛山市参加广东省第十一届运动会，以 13 秒 81 的成绩，获少年男子甲组 110 米栏冠军，打破了广东省纪录；同时以 23 秒 44 的成绩，获少年男子甲组 200 米栏冠军，并打破全国纪

2001 年，陈振华获佛山市运动会 110 米栏冠军

2002年，陈振华在广东省第十一届运动会跨栏比赛获得优异成绩时的风采

2002年，陈振华获广东省第十一届运动会110米栏冠军

录。同年9月，他代表广东省参加第一届全国中学生百校“学校杯”田径比赛，以14秒01的成绩，获少年男子甲组110米栏冠军。

2003年9月，陈振华被西安交通大学特招为田径运动员，度过了大学四年的美好时光，每年他都蝉联陕西省大学生田径运动会110米栏冠军，成绩至今无人超越。

陈振华在陕西省第43届大学生运动会跨栏比赛中

2007年11月，陈振华大学毕业，他选择做一名优秀的体育工作者。13年来，他先后在平地小学、狮山高中和罗村实验小学任教，培养的学生有区、市、省、全国乃至世界冠军。2018年5月，在摩洛哥举行的世界中学生田径锦标赛中，他的学生李贺获女子高中组100米、200米短跑双料冠军。2019年5月，在克罗地亚举行

的世界中学生田径锦标赛中，李贺获女子高中组 100 米短跑冠军，李力获男子高中组 200 米短跑冠军。其后，李贺、李力分别被输送到华中科技大学和清华大学就读。

陈振华善于训练队伍，提升整体水平。2018 年 7 月，他带领狮山高中代表队参加在黑龙江大庆一中举办的全国中学生田径锦标赛，获高中组团体总分冠军，并获得多个单项冠军。2019 年 8 月，他又带领狮山高中代表队参加在成都新都一中举办的全国中学生田径锦标赛，获得高中组团体总分冠军，并获多个单项冠军。多年来，陈振华培养的许多学生被输送到全国各重点高校继续学习。

陈振华工作突出、成绩显著，先后荣获全国中学生田径锦标赛优秀教练员、广东省第十五届运动会优秀指导员等称号，并获南商基金“突出贡献奖”。

近年来，平地还涌现了张志华、黄钦添、吴国辉、张志荣和张晋明等国家级或国际级龙狮裁判员，他们弘扬拼搏进取的龙狮精神，自强不息、各展风采。

3 田径女豪杰　金牌闪亮光

20 世纪 70 年代，南海城乡到处都传颂着“田径女杰”邹娃响亮的名字和传奇的故事。

1956 年 1 月，邹娃出生于平地。其父母邹柱铃和邹渐好原籍泌冲村人，后均为平地小学教师，一家人也随父母住在平地小学内。她自幼目睹哥哥姐姐们跑步、跳远、跳高和打篮球的矫健身影，就好奇地模仿着他们的动作，跟着蹦蹦跳跳，渐渐热爱上运动。体育老师林方是她的第一位启蒙老师，一有空闲就带着她跑步、跳远。后来，体育老师陈大森也悉心教导。正是由于这得天独厚的条件，她的运动天赋和体育潜质得到了有效发挥，为日后训练打下初步的基础。

1971 年 6 月，邹娃被选入佛山地区代表队，前往中山县进行集训，准备参加当年广东省少年田径比赛。训练之时，她又遇上了第二位启蒙老师——跳高名将李森源。刚开始训练，身体确实不适应，全身肌肉酸疼，十分难受。但邹娃是一个要强的女孩子，骨子里有一股不怕累、能吃苦的拼劲。她想，既然来了，就要练出一点成绩。于是便抱着坚定的信念，凭着坚韧不拔的意志，克服了欠缺系统训练的不足，认真完成每一节的训练课程，运动成绩逐渐提升，最终获得代表佛山地区参加广东省少年田径比赛的资格，并在跳远比赛中以 4.76 米的成绩获得第二名，被选拔为广东省田径队队员。

1971 年 7 月 31 日，邹娃来到了有“体育冠军摇篮”之称的广东省体工队二沙岛训练基地，开启了长达 14 年的运动生涯。作为“文化大革命”后期的第二批运动员，她很感谢恩师黄勍教练对她的悉心栽培和着意提携，正是黄勍把她从一名来自乡间、单纯喜爱体育的小女孩，培养成一位为国争光的优秀运动员。在运动训练中，她始终坚信“一分耕耘，一分收获”的道理，并以此作为自己的座右铭，一直坚持“一不怕苦，二不怕死”的精神，勇于克服一个又一个困难，一步步提升自己。1972 年，她 17 岁，正是青春年少、意气风发之时，以初生牛犊不怕虎的勇气参加了南京全国田径运动会，以 5.88 米的优异成绩破女子跳

1973 年，邹娃参加全国田径运动会破女子五项全能全国纪录，并获冠军

远全国少年纪录，并获得冠军。

1973 年，全国体育系统掀起了学习日本女排大松博文大运动量训练的高潮，国家体委也提出从难、从严、从实战出发，坚持大运动量训练的“三从一大”训练方针，她们跟着进入冬训大比武训练。其时，没有训练监控，没有训练恢复，没有科研指导，只有拼命苦练。早操、上午、下午“一天三练”已是常态，最大运动量时从早上八点练至下午两点，这样长时间的训练，一周就有两三次。训练日复一日，既艰苦又枯燥，循环往复，常人一般难以忍受。由于运动量大，身体会出现不适反应，受伤也在所难免。当时她的膝关节受了伤，痛得不能弯曲，也曾打过退堂鼓。在这紧要关头，教练对她十分关心、鼓励和支持，关爱而严肃地强调：“运动员没有不受伤的，关键是我们怎么面对。受伤的地方不能练，我们就练其他地方。不经过艰苦训练，是不会取得好成绩的。”邹娃经此开导，思想产生了积极变化，能坦然面对各种煎熬与

磨砺，更加努力投入训练之中。无数次的反复技术分解练习，无数次的反复跑训练，无数次对自己理想的考验，使她的个人能力、专项素质及运动成绩得到了质的提升。1973 年，她参加全国田径运动会，打破女子五项全能全国纪录，并获得冠军。

1974 年，邹娃随中国体育代表团参加在伊朗举行的第七届亚洲运动会。她认真地观摩、学习外国高水平运动员的比赛技术，开阔了眼界，收获了心得，更鼓足了拼搏的勇气。

1975 年，邹娃参加第三届全国运动会，获女子跳远第一名，同时打破女子 200 米低栏全国纪录，获得国家体委授予“运动健将”称号。1978 年，她代表中国参加在泰国曼谷举行的第八届亚洲运动会，在女子跳远项目比赛中，以 6.28 米的成绩获得冠军。当国旗升起、国歌奏响的时刻，她的内心

1978 年，邹娃在第八届亚洲运动会跳远比赛中

1978 年，邹娃在泰国曼谷第八届亚洲运动会获女子跳远冠军

1979 年，邹娃在第四届全国运动会取得跳远 6.31 米优异成绩

无比激动，多年坚持不懈的努力，在这一刻得到最好的回报。

1979 年，邹娃参加第四届全国运动会，她以最饱满的精神面貌、最好的竞技状态，以 6.31 米的优异成绩获得女子跳远冠军，这是她运动生涯的最好成绩。正是无数的艰辛和汗水，让她的人生达到了顶峰。同年，邹娃荣获“广东省十佳运动员”和“全国三八红旗手”称号。

从事田径运动十几年，邹娃坚持刻苦训练的决心不改，苦熬苦练的态度不变，参加国内外比赛获得了十多项冠军，多次获省体育局立功奖励。20 世纪 70 年代，她获得冠军或破全国纪录，即使只奖励一个笔记本或一百几十块钱，她都无比开心。

1984 年 4 月，邹娃告别了运动员生涯，转到广东省体育运动学校工作，她从科员做起，一直做到副科长、科长、副校长（副处级）。2004 年 6 月，她转任

邹娃为2008年北京奥运会广州站第125号火炬手

为广东体育职业技术学院副院长（正处级）。2011年10月，她光荣退休。

邹娃不仅是一名优秀运动员，更是一个有情有义的人。十多年来，她一取得好成绩，第一时间就向林方老师汇报。当年物资匮乏，她外出比赛时买到一块香皂或一支牙膏，首先想到的是留给林方老师。邹娃一直对黄勋教练无比感激，非常敬重。当时，其父邹柱钤经常到二沙岛探望女儿，他与黄勋教练亲切沟通，彼此十分投契融洽。几十年来，每年大年初一早上，黄勋都从广州骑着自行车到平地或泌冲村给邹柱钤一家拜年。逢年过节，邹娃也奉送水果等礼物给恩师，以表敬意。这真是人世间难得的一段美好善缘！

值得自豪的是，2008年，邹娃当选为北京奥运会广州站第125号火炬手；2017年，被国家体育总局授予“中华人民共和国体育工作贡献章”。

回顾体育生涯，她既有训练的艰辛、伤病的折磨、运动成绩停滞不前的彷徨，又有竞技状态提高的喜悦、比赛获得好名次的兴奋、升国旗奏国歌时的自豪。在她身上体现了运动员坚韧、执着、拼搏、向上

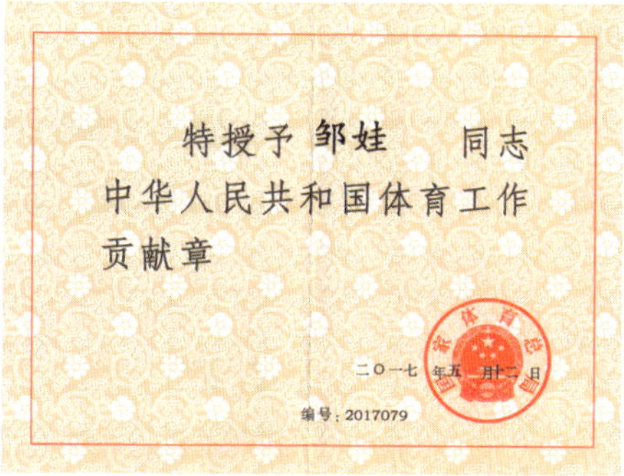
特授予 邹娃 同志
中华人民共和国体育工作
贡献章

国家体育总局

二〇一七年五月十二日

编号：2017079

邹娃获奖证书

的精神风貌，还有她内心永不言败的斗志与激情。

不忘初心，方得始终。邹娃无比自豪地说："我无愧于我当初的选择。"

❹ 热血男儿汉 威武豪气扬

张志华，1962 年 10 月出生，平地麦边村人，黄飞鸿第五代传人，"广东醒狮"和"麦边舞龙"佛山市级非遗传承人，广东省龙狮运动协会副会长，国际级龙狮裁判和教练，2012 年第二届大沥记忆·十大感动人物，南海区第十六届人大代表。

张志华 12 岁跟随父亲张玉文习武，每天早上 5 点起床练扎马步和传统武术套路，并打沙包、三星和木人桩，后拜黄飞鸿第四代传人、广州武术团团长吴仲权为师，勤学苦练洪拳和咏春拳。洪拳的"硬桥硬马"、咏春拳的柔中带刚，让他内外兼修、功力深厚，为日后武术、龙狮事业的发展打下了坚实基础。1989 年，他参加南海县盐步镇首届武术醒狮大赛，

张志华拜黄飞鸿第四代传人、广州武术团团长吴仲权为师

获拳术、棍术两项冠军；2008 年 8 月，获武术“佛山十虎”称号；2009 年 3 月，获第七届香港国际武术大赛武术、器械、双人对练三项冠军；2018 年 7 月，参加第七届澳门国际武术节暨澳门国际武术大赛，获拳术、棍术、双人对练三项冠军和武术名家会演金奖。

1988 年 12 月，张志华组建桥头醒狮队。1990 年 10 月，他代表中国南海醒狮团赴京参加中国首届世界武术大赛开幕式，中央电视台进行了现场直播，时任南海县委书记李景滔赞不绝口。1996 年 3 月，他又代表中国南海醒狮团参加在比利时举办的欧亚杯醒狮国

张志华进行武术表演

际大赛，勇夺冠军，时任佛山市委副书记林浩坤在北京亲切接见祝贺醒狮健儿。回到南海后，当时南海市五套领导班子为他们接风洗尘。1996 年 8 月，他成立麦边武术龙狮团。随后，他们参加了 1997 年庆祝香港回归和 1999 年庆祝澳门回归活动，在国内外众多大型赛事和重要表演中，屡获殊荣，获奖无数。

醒狮采青在岭南流传久远，是珠三角地区喜闻乐见的活动形式，一般在春节及其他喜庆日子进行。采青讲究技法，须在一高一低鼓点的伴奏和憨态可掬的“大头佛”引导下，活灵活现地演绎狮子“喜、乐、惊、疑、寻、探、醉、醒”八种神态。而青阵五花八门、名目繁多，主要有寓意喜上眉梢的门楣青、寓意金玉满堂的橘树青、寓意步步高升的高杆青，还有凳青、盆青、蟹青、蛇青、七星伴月青和八仙贺寿青等。所有青阵均扎放“利是”和生菜，或加芹菜和柑橘，寓意生机勃勃、勤劳致富、大吉大利。

1997 年春节期间，张志华曾在盐步直街的盐步物资公司门前采八仙贺寿青，轰动一时。两张拼合的乒乓球台上摆满了八只碗、八双筷、八只匙、八瓶酒、八只杯。他舞狮头，拍档舞狮尾，他们运用高难度动作，足足舞了一个多小时，“利是”从开始的二三百元逐渐加到了两万多元。采青后，张志华还在台上打了一套精彩的咏春拳，而他的拍档打了一套惟妙惟肖的“醉八仙”。他们娴熟的套路、精湛的技艺、醒目的表演，赢得一阵阵热烈的喝彩声。其时，采青现场围满人群，整条盐步直街水泄不通。

舞龙，主要在湖南、河北、山西、上海等地比较常见，珠三角地区出现较少。1996 年 8 月，张志华在湖南祁东体育局副局长孙高林的悉心指导下，正式组建麦边武术龙狮团，团内的麦边舞龙队成为“南海第一龙”。经刻苦学习和反复演练，1999 年 12 月，参加广东省文化厅举办的庆澳门回归活动，其“九龙庆回归”表演十分精彩。2001 年 12 月，参加香港世界夜光龙比赛，深受香港乡亲称赞。2004 年 11 月，他组织 10 条 18 米长的锦龙、2 条 100 米长的巨龙参加佛山亚洲艺术节开幕式暨五区巡游表演，吸引无数观众的眼球。

2004 年 12 月，麦边武术龙狮团代表广东赴迪拜参

2004 年 12 月，麦边武术龙狮团赴迪拜为中国城开幕庆典表演“中国龙”

2006 年 1 月，麦边舞龙队参加庆祝泰王登基 60 周年巡回演出

加中国城开张庆典表演，向世界充分展现了中国龙的风采。2006 年 1 月，麦边舞龙队赴泰国参加庆祝泰王登基 60 周年巡回演出，为泰国增添了喜庆氛围。2007 年 9 月，他组织 200 头狮子、9 条锦龙参加东莞市大岭山镇运动会开幕式群狮群龙表演，场面非常壮观震撼。2009 年 9 月，他组织一条 600 米长的巨龙，参加顺德长鹿农庄庆祝中华人民共和国成立 60 周年巡游表演，成为长鹿农庄的历史之最。

麦边舞龙队自成立以来，参加国内外舞龙比赛获

2007 年 9 月，参加东莞市大岭山镇运动会开幕式群狮群龙表演

2019 年 9 月 13 日，麦边舞龙队亮相中央电视台中秋晚会

冠军 20 多项。2006 年 8 月，麦边武术龙狮团成为广东省龙狮项目训练基地。2013 年 4 月，“麦边舞龙”入选佛山市级非遗名录。2019 年，在南海影视城分会场，他们精彩的龙狮表演，亮相中央电视台中秋晚会。

令人眼前一亮的是，张志华于 1998 年 8 月成立麦边女子舞龙队。1999 年 12 月，4 条女子龙参加“九龙庆澳门回归”活动。2000 年 4 月，参加海南省海口市首届国际舞龙大赛，获得优胜奖，是 40 多支参赛舞龙队中唯一的女子队，备受全场瞩目。2015—2017 年每年农历三月初三，该舞龙队都参加香港旺角街坊会主办的大角咀庙会，她们将传统站着表演的八字舞龙演绎为跳跃直躺式的快速舞龙，甚至还表演了高难度的躺着摇船式舞龙，令香港市民眼前一亮、赞不绝口，纷纷要求加场表演。此后，该队多次参加广东省女子舞龙大赛，获冠军 4 项，她们的英姿和风采赢得了人们的高度赞誉。

数十年来，张志华教过的徒弟成千上万，在平地无论男女老少，人们都亲切地称他为“师父”。其弟子陆宇鹏的妈妈黄美贤是学正村人，陆宇鹏潜心学艺，表现出色，成为 2008 年北京奥运会火炬传递巴基斯坦站火炬手，令张志华和麦边武术龙狮团十分骄傲和自豪。

2008 年，张志华徒弟陆宇鹏成为北京奥运会巴基斯坦站火炬传递手

醒狮是吉祥物，深受全国各族人民的喜爱。2019 年 6 月，张志华作为广东第二批醒狮援疆队的队长，带上狮头、鼓、锣、钹以及相关配套物资，远赴位于天山和昆仑山之间的新疆喀什市疏附县，深入该县第一中学和兰干中学蹲点开展南狮培训。经过二十多天的艰苦教练，兰干中学在广东省南狮援疆暨汇报演出暨首届疏附县中小学校群狮比赛中获得金奖。张志华为促进民族团结付出了辛勤的汗水。

张志华（前排左一）在新疆教授醒狮技艺

张志华（前排左四）与新疆喀什市疏附县获奖代表合影

5 龙狮精气神　扬威海内外

黄钦添，1963年2月出生，平地学正村人，黄飞鸿第五代传人，南海黄飞鸿中联电缆武术龙狮协会会长，“狮舞·广东醒狮”国家级非遗传承人，国际级龙狮裁判和教练，2008年北京奥运会深圳站接力火炬手和2010年广州亚运会火炬传递佛山站火炬手。

2008年，黄钦添为北京奥运会深圳站接力火炬手

黄钦添自小喜欢武术和醒狮，时常跟村里的师傅学习一招半式。1986年，他拜张志华为师，专心学习武术功夫和舞狮套路。张志华舞狮头，他舞狮尾，是一对最佳拍档，两人将醒狮舞得虎虎生风。后来，黄

2010 年 11 月 4 日，黄钦添在佛山传递广州亚运会火炬

钦添又拜广州武术团团长吴仲权为师，武功大为长进。

1996 年 6 月，黄钦添离开桥头醒狮队，自己另外组建了醒狮队。初期，由于功力、人才、经验和管理不足，醒狮队在多次表演和比赛中的成绩都不理想。于是，他开始反思和寻找出路，飞越千山万水专程远赴马来西亚和新加坡学习传统武术和舞狮套路。因“文化大革命”期间我国武术、舞狮都停止了活动，有些珍贵的套路和技艺已经失传。而东南亚一带的华人一直将中国传统的武术、舞狮的历史文化传承了下来，留存的青阵就有几百种之多，除了我们普遍认识的门楣青、橘树青、高杆青、凳青、蟹青、蛇青等之外，还有八卦青、猪笼青等闻所未闻、见所未见的各种青阵。这次求学之旅让他大开眼界、获益良多。随后，他又赴泰国、印尼、越南、中国台湾等国家和地区进行交流和切磋，拜访当地武馆，虚心请教名师，提升自身技艺。通过学习借鉴和消化吸收，他将流传海外的中华国粹带回来，然后再教授传播出去。自此，他带领的醒狮队在宗风、章法、套路、技艺、实力和声誉等方面都有了实质性的提升。

2015年中联龙舟队正在奋力集训

1999年9月，他联手广东中联电缆集团，加盟组建南海黄飞鸿中联电缆武术龙狮协会，并任总教练。在他强有力的带领下，龙狮协会将武术、醒狮、龙舟、舞龙协同发展，尤其是集中精力打造“扒龙舟”和“舞狮子”两大品牌。经过不懈的努力，两大品牌项目突飞猛进、势不可挡。

2002年7月，他带领龙舟队代表中国参加在日本相生市举办的第五届亚洲龙舟锦标赛，力挫群雄，勇夺六项冠军。在即将进行第七项比赛时，曾有人

2001年6月，中联龙舟队在澳门国际龙舟赛上夺冠后，接受澳门特首何厚铧的颁奖

2002 年 7 月，中联龙舟队参加第五届亚洲龙舟锦标赛，勇夺 7 项冠军

委婉暗示黄钦添，可否出于尊重东道主的礼仪，酌情谦让一下日本队。黄钦添正气凛然，坚决不让。最终，该龙舟队奋力拼搏、再接再厉，又摘得桂冠。当领奖台上七升中华人民共和国国旗、七奏中华人民共和国国歌之时，全体队员热血沸腾，充满了民族的自豪感。赛事结束后，日本队专门来到龙舟队的休息驻地，向龙舟队跪拜三磕头，表示佩服得五体投地。龙舟健儿为国争了光，让中华儿女扬眉吐气。

黄钦添带领的醒狮队也是一支十分威猛的精兵劲旅，它以“王者之师”的风范南征北战，其自编自创、难度极大、精彩纷呈的“翻山越岭展雄风”高桩醒狮表演，震撼人心，扬威海内外。2003 年，醒狮队在香港世界醒狮锦标赛中创造了高桩平跳 3.8 米的世界纪录，堪称“中华一绝”。

20 多年来，黄钦添等率领的龙舟队和醒狮队，共参加国内外赛事 600 多场，夺得冠军 600 多项。其中，代表中国参加国际大赛 100 多场，获得冠军 100 多项。2019 年，他们派出 40 头醒狮参加庆祝中华人民共和国成立 70 周年国庆联欢晚会第二篇章“山笑水笑人欢

二〇〇一年一月八日 星期一 大公報 港聞 A8

椿上飛舞 力壓群雄 揚威香江

南海醒獅榮膺「世界獅王」

確保三月份人口普查順利

三萬普查員接受訓練

井水集

李雲迪不愧爲偶像

2001 年 1 月，中联醒狮队参加香港世界夜光龙赛醒狮赛，荣膺“世界狮王”称号

2019 年，中联醒狮队参加庆祝中华人民共和国成立 70 周年国庆联欢晚会

笑”表演，那精彩的醒狮表演令晚会充满了生机和活力。

为进一步将龙狮文化薪火相传，发扬光大，黄钦添他们还将武术和醒狮植入盐步中心小学、泌冲小学、丹灶小学和旗峰小学等学校课堂，大力提振孩子们的精气神。

值得称道的是，集训基地还招收了一些调皮捣蛋、不懂礼貌的学生，甚至还有无人管教的孤儿。黄钦添等一边给他们讲解做人的道理和规矩，一边又教

2017 年 8 月，澳门美高梅“幼师训练计划”交流团在巨狮头前合影

2019 年 5 月，英国、南非、尼日利亚、新西兰、马来西亚、缅甸等 6 个国家的华侨到龙狮基地学习醒狮文化

他们武术和舞狮的技艺，让他们在潜移默化和刻苦磨炼中，修正人生的方向，重振奋斗的自信，努力成为一个有益于社会的男子汉。在清远集训基地，曾有一个“调皮仔”，自小被溺爱，任性横蛮、不讲礼貌，甚至对亲人都不打招呼。但他自参加武术、醒狮培训后，性情慢慢好转，开始懂事有礼，他将多次外出表演所得的“利是钱”一点点积攒起来，然后请爷爷上茶楼饮早茶，并专门买一部新手机送给爷爷，爷爷双手捧着手机，感动得热泪盈眶。

由于武术龙狮协会声誉日隆，全国各地慕名前来拜师学艺的学生和青年络绎不绝。为此，他们一方面挑选部分学生集中培训，另一方面派出骨干教练到各集训基地授徒。目前，派往省内的有广州、清远、广宁、怀集、湛江、茂名等地，并拟进军潮州、汕头。而派往省外的有湖南、广西、浙江、陕西、贵州、新疆等地。

随着中华优秀龙狮文化的广泛传播，来自美国、

黄钦添教学员高桩舞狮

加拿大、德国、俄罗斯、意大利及东南亚等的外国友人，也纷纷慕名前来训练基地学习武术、醒狮和扒龙舟。武术龙狮协会还应邀远赴墨西哥、马来西亚、孟加拉、毛里求斯等地教授武术和醒狮技艺。

中华武术、龙狮文化正走向世界，迈向未来……

6 象岗结世好　龙狮互拜访

每年正月初四那天，平地黄氏族人及其“黄群英社”醒狮队都去里水镇象岗村拜年联谊。出发前，醒狮先到平地中心村黄氏大宗祠拜祖先，再到平地观音古庙参拜，然后才上车出发。大巴车一到象岗就鞭炮齐鸣，早已等候在村口的象岗乡亲笑脸相迎、热情洋溢。两村父老欢欢喜喜，畅叙情谊。

去象岗“探亲”拜年的虽是平地醒狮，但象岗与平地黄氏的世交渊源却是因龙舟而起。昔日，平地龙舟身插黑底金字“平溪”船牌，船上供奉北帝神像，在龙舟竞渡中表现十分出色、名扬四乡，坊间称之为“白马仔”。相传，清同治三年（1864），“白马仔”外出参加龙舟赛事，归途中偶遇象岗龙舟，便结伴而行。因象岗龙舟曾在龙舟活动中与某村龙舟有冲突，在行至某村附近水域时受到阻拦。平地龙舟路见不平、挺身相助，将自己的一面船牌与象岗的船牌互换，两舟上的人员也相应对调，如此一来，两条龙舟协同进退，宛如一体。某村龙舟见状，碍于平地的威名和实力只得作罢。随后平地龙舟护送象岗龙舟平安返航。此后，象岗杨、杜两姓与平地黄氏遂结成世交之好。

20 世纪 40 年代末，“白马仔”因故弃置，自此平地中心村便再无龙舟，但黄氏族人将“龙筋”赠予了象岗村，缔结了深厚的兄弟情谊。其时，每年春节，平地“黄群英社”醒狮队都到象岗村拜访。端午节期间，象岗龙舟则到平地“探亲”，与村民同舟共乐，有时还在村中留宿。

1982 年 6 月 23 日（农历五月初三）上午 10 时，平地的北基涌龙舟鼓响，阔别 30 多年的象岗龙舟突然到访，这是中华人民共和国成立后第一条到访平地的

2019 年春节期间，平地“黄群英社”醒狮队去象岗拜年联谊

外村龙舟，村民们十分惊喜，争相观看。从此以后，象岗龙舟每年端午节前都到平地“探亲”，连续 10 多年从未间断。1985 年，象岗建造新龙舟，需筹款 1.4 万元，旅港南海平地黄氏同乡会为新龙舟慷慨捐助 1 万元，成为一时佳话。

象岗龙舟的到访如同“平地春雷”，掀起平地恢复各项传统民俗文化活动的序幕，更推动了平地举办一年一度的锦龙盛会。黄觐伦、黄涛、黄海昌、黄冠勋、黄汉威等热心人士组建了迎龙筹委会，并邀请东望、庄头等村龙舟参加盛会并作游龙表演。每年农

1990 年端午，象岗龙舟到访平地，在北基涌表演

历五月初五平地锦龙盛会之日，数条锦龙游弋碧水、冲波激浪，健儿们振臂挥桨、力争上游。沿岸彩旗招展、礼炮齐鸣，成千上万观众喝彩呐喊、山呼海啸，一派欢乐祥和景象。平地锦龙盛会一直举办到 20 世纪 90 年代中期，后因河涌变窄而停办。

其后，平地中心村黄氏族人慷慨捐赠，大力支持象岗村重修杨氏宗祠和杜氏宗祠。礼尚往来，当平地黄氏重修药轩黄公祠时，象岗村、杨氏和杜氏族人也竭力给予热心捐助。水，连通了村与村之间的往来，而龙舟、醒狮成了“友谊的使者”，平地、象岗两村民众结下的厚义和深情历久弥坚。

7 桥头龙舟赛 锣鼓震天响

桥头地域范围不大，却因平地大石桥和历史上的桥头商业街而远近闻名，其锦龙盛会颇具地方特色和亲切感，是近距离体验龙舟文化的好地方。

1993 年，陈荣基、潘咏钊、黄纯一、叶鉴波、陈

浩基等发起成立“桥头龙舟会”，集资购买龙舟，筹办龙舟竞赛活动，并定于每年农历五月初四在桥头河涌举行锦龙盛会。

盛会之时，桥东的横江村与桥西的平地村亲密无间，两村的龙舟旌旗上都写着“桥头”二字，不分彼此，邻近四乡的龙舟也前来参加，场面欢庆热闹。由于现代化进程的加快和两岸民居的建设，河道逐渐变窄，龙舟赛也由起初的龙舟竞渡，改为以单条国际标准龙舟往返竞速的方式进行。最初的锦龙盛会有龙舟九条、观众数千，后逐渐发展到鼎盛时的龙舟二十多条、观众过万。锦龙盛会当天，桥头涌一带彩旗飘扬、礼炮喧天，一涌两岸人山人海、摩肩接踵。当龙舟健儿伴随铿锵鼓点奋力挥桨之时，其整齐划一的动

麦边龙舟队

2010年，桥头龙舟队获盐步锦龙盛会冠军

作点燃了现场的热情，锣鼓声、号子声、加油呐喊声、欢呼喝彩声响成一片，气氛十分热烈。

比赛之后，各龙舟进行游龙表演，或追逐戏水，或穿行桥下，让观众尽情领略传统龙舟文化的独特魅力。

每年端午期间，扒龙舟、吃龙舟饭是珠三角地区民间的传统习俗，寓意风调雨顺、龙马精神。而桥头的龙舟饭自有其特色，乡味十足。华灯初上，河街之上龙舟健儿、四方宾客、乡亲邻里欢聚饮宴，共话情谊、互致祝福。2019 年的桥头龙舟饭筵开 230 多席，成为平地、横江两村欢聚喜乐的一大盛事。

第七篇　一方好水土　物华四季香

平地自有得天独厚的天然禀赋，肥沃土地上种养的丰饶物产，养育了一方百姓，这是大自然春华秋实的馈赠，更是人们精耕细作、勤劳智慧的结晶。那一缕缕的炊烟，充满了人间的烟火味。

1 泗沥大冬瓜　优质农产品

冬瓜是我国特有的农产品，营养丰富，是家常有益健康食物。秦汉时期的《神农本草经》就有冬瓜栽培记载。平地泗沥村冬瓜属大果型冬瓜，为广东青皮冬瓜品种，其皮青、肉厚、囊细、核少、结实、爽甜，深受人们喜爱。

泗沥村民种植冬瓜历史悠久，经验丰富，并探索出独特的种瓜方法。以前一般是在春节后开始种植，在夏天收成，这一造冬瓜个头较大。20 世纪 70 年代开始种两造冬瓜，夏季收成之后再种一造，这一批的冬

泗沥冬瓜收成

瓜个头相对小一点。泗沥村民种冬瓜关键是利用牛角丝、牛角片做肥料，一方面提供充足的肥力，另一方面使瓜不易变烂。种瓜前，他们在种苗的小浅窝里埋下约半斤牛角片和猪粪，当冬瓜幼果长到两三斤时用麻绳吊住瓜藤以减轻其负担，保证能承受冬瓜长大后的重量，然后在原来放牛角片的小窝一尺左右位置再翻埋牛角丝，待瓜长大到二三十斤时收成。泗沥冬瓜产量高，亩产 6000 ～ 8000 斤。冬瓜收成后，村民将其放在通风透气的瓜棚里，几个月都不烂。

烟火气息最有味，寻常日子尚清香。人们通常用冬瓜煲汤或清煮，生活条件好的就用冬瓜焖田鸡或其他肉类。煮冬瓜是当时平地人一道最普通的家常菜。

20 世纪 70 年代，泗沥冬瓜远近驰名，行销省港澳。位于平地麦边村的盐步供销社出口站（又称“冬瓜仓”）在冬瓜出口前，于瓜肩处盖上“泗沥”两字，每个冬瓜都有泗沥的身份标志。这是当时泗沥冬瓜的品牌认证，也是对泗沥人代代相传的种植冬瓜技术的充分肯定和最实在的褒扬。

2 平地大芥菜 回味舌尖上

平地泗沥大芥菜与横江江心大芥菜齐名，一直是人们舌尖上的记忆。它分为两个种类，一种是茎叶都很粗壮颀大的芥菜，一种是茎叶相对细小的马灯菜。大芥菜适宜在土壤肥沃、土层深厚、灌排水方便、光照充足、通透性较好、半沙泥“吊水”的田地种植。由于大芥菜种植易、虫害少、产量高，村民习惯在晚造水稻收割后利用稻田休整的空间种植。秋种冬收，在寒冷的冬天里，一锅番薯煲大芥菜，温暖着一家人，可谓越家常的菜越经久不衰。

改革开放前，村民大都将收成的大芥菜交到出口站，由其组织人员统一加工腌制成咸酸菜。加工过程是专业制作，腌制的木桶分大、中、小几种，最大的有 3 米宽，2 米多高，因其体量大、腌菜多，俗称“万八桶”。人们在咸菜桶里先铺一层大芥菜，再铺一

层手指头般粗细的海盐，村民称其为“马牙盐”，然后七八个人用力踩踏，经一层一层铺叠、撒盐、踩踏，直至桶口，最后放上大石头在最顶层压紧。这种咸酸菜一般在春节前制作，到第二年清明节前后开始供应市场或出口港澳地区。咸酸菜散发出令人愉悦生津的酸爽香味，在那个物资匮乏的年代，是平地人家家户户必备的家常菜。

马灯菜与大芥菜的种植时间稍有不同，泗沥村民种植得比较多。他们一般在收割完冬瓜后，翻整土地种马灯菜。也许是使用过牛角丝、牛角片做肥料的冬瓜田地肥力有余，勤劳聪明的村民就选在这个时候种上马灯菜，以充分利用土地的丰富肥力。马灯菜同样种植易、产量高，一般亩产有 4000 ～ 5000 斤。村民收菜之后以家庭加工为主，他们一般用木桶或大瓦缸，一层菜一层盐，当菜铺至桶或缸面之后用人工不断踩踏，当菜水浸过脚面之后在上面再铺一层黄菜叶，再加一层盐，不用压石头，稍加密封就可以了。这样泡制 8 ～ 10 天即可出售，比大芥菜的腌制周期短很多。

出口站腌制“万八桶”大芥菜（刘梓安绘）

农家腌制马灯菜（刘梓安绘）

出售咸酸菜的收益比卖新鲜蔬菜要高，为增加经济收入，平地村民普遍种植、腌制芥菜和马灯菜，然后到周边农贸市场甚至到广州和佛山等地售卖，或卖给上门收购的商贩。其独特的风味让四乡八邻和广佛两地的民众交口称赞。

③ 道头大白鸭　驰名省港澳

“道头”原称“渡头”，在以水路交通为主的年代，道头四周被河涌环绕，有一条小涌贯通全村，并有供船艇运输上落的埠头，故称“渡头”。随着陆路交通的发展，渡头的作用日渐式微，后来人们将“渡头”改称为“道头”。

道头水网纵横，鱼塘和坦田众多。尤其是低浅的坦田有较多可供鸭子觅食的草籽、草根、蚯蚓、昆虫、蟛蜞、田螺和河蚬等天然饲料，十分适宜鸭子生长。过去，道头村民利用自然优势，大量饲养鸭子，村中有不少养鸭专业户。20世纪50年代初，养鸭业更加盛行，鸭寮处处，“鸭司令”赶鸭觅食成为道头村一道风景线，“鸭埠”之名由此而来。夏收秋收

道头大白鸭

之后，有很多稻穗掉落地上，村民便纷纷赶鸭群去觅食。由于有早晚两造稻谷，因此所养的大麻鸭，也分早晚两造。道头村养出的鸭子肉质好，广受欢迎，养鸭也成了村民发展经济的一大特色产业。

70年代中期，平地大队在道头村建起两个集体养鸭场，引进北京大白鸭，开始大规模养殖，年产3万多只。他们采取集中喂养的方式，用白糠、玉米粉、煮熟的稻谷再混合秘鲁鱼粉做成饲料，或用蟛蜞、蚬肉、虾头等进行喂养，待鸭子长到六七斤的时候就卖个好价钱以增加集体收入。鸭子肉质细腻、口感良好、营养丰富，在喜欢吃烧鸭、喝鸭汤的珠三角地区，道头村的大白鸭一时成了抢手货。当时，出口站统一收购道头大白鸭销往省港澳和东南亚。

随着工业化、城市化步伐的加快，昔日道头热闹非凡的鸭子声逐渐消失，但“鸭子风味”仍然留存在人们的舌尖上。

行过平安桥，一路好世界（刘梓安绘）

④ 行过平安桥　一路好世界

1984年，南粤大地改革开放、发家致富的热潮蓬勃兴起。平地泗沥村的黄锢强率先在广佛公路的联安路口，建起了一座高两层的“好世界酒家”。该酒家占地面积3000多平方米，建筑面积约2000平方米，北面是广佛公路，周边均是大片稻田，两层楼房能筵开100多席，是当时平地及周边地区规模较大的食肆。酒家开张之日邀请了著名粤剧艺人倪惠英、文觉非前来演出，还有醒狮表演、锣鼓、鞭炮等助兴，一时宾客

好世界酒家

满堂、热闹非凡。开业之初，黄锢强聘请广州北园酒家退休厨师与点心师傅，推出冬瓜盅、扣鸭、酸菜大肠等很多美味可口的家常菜式。早茶的点心也丰富多样，有干蒸、虾饺、蛋挞、蒸排骨和糯米鸡等，都是师傅现做现卖，其独特风味至今仍为很多平地人津津乐道。由于位置好、开业早、周边食肆少，很多途经广佛公路的客商都到此就餐，当地和周边的村民大多前来饮早茶或摆酒宴请客人，因此，生意兴隆、客似云来。

1985 年，为方便村民过马路，黄锢强独资建设了横跨广佛公路直达酒家门口的平安桥。整座桥为钢结构，宽约 2 米，长约 20 米。桥上挂着“行过平安桥，一路好世界”（粤语“行过”即“走过”）的横幅广告，十分夺目，吸引着过往车辆和行人的眼球。其后，黄锢强在两层酒楼的基础上，又加建了第三层作为员工宿舍，可见其生意十分红火。经济发展如火如荼，广佛公路人来车往，众多酒楼食肆也陆续开张，竞争越来越大。1997 年后，好世界酒家日渐式微，慢慢淡出了人们的视野。2000 年初，广佛公路再次扩建，平安桥也随之拆除。

这间酒家和这座桥的故事，演绎了改革开放后平地人努力拼搏的一段传奇。“平安桥”和“好世界”，是平地人一段美好的回忆。“行过平安桥，一路好世界”不仅成了平地人耳熟能详的顺口溜，也寄寓了一种美好的祝福。

5 香杏园酒家　声誉播四方

香杏园对于平地人来说，是一个像家一样的地方；对四方宾客来说，是一个难得的聚会之所，其美味佳肴是人们十分向往的一种享受。

潘咏钊，香杏园酒家老板，平地麦边村人，他当过下乡知青，做过农民。1983年，他在麦边村大石桥旁开香杏园大排档，做得有声有色。1985年8月15日，他作为大股东，在村南广佛公路旁租了2000多平方米的地，成功开办颇具园林特色的香杏园酒家。大门口镌刻着南海名老中医、书法家黄兆熊撰写的一副

香杏园酒家

对联："香国美人西蜀酒；杏园才子洛阳花"，它充分寄寓和呈现了香杏园酒家的美酒佳肴与宾客盈门的盛况。

香杏园酒家菜式新颖，风味独特。特色菜、家常菜常令食客齿颊留香、赞不绝口。当初，潘咏钊在桥头做香杏园大排档的时候，做的是焖田鸡、蒸螃蟹、炒田螺、鱼片粥、炒河粉等最地道的农家菜。到了香杏园酒家之时，菜式和味道更加丰富，酸甜苦辣任君选择，肥瘦荤素丰俭由人，令人垂涎欲滴的有盐步烧鹅，用木炭烤制，外脆内嫩，曾卖到广州中山八路；盐焗鸡，选用在广西逐家逐户收购的土鸡，肉质好，味道鲜；虾，专门选用从广东开平采购的新鲜海虾；咕噜肉，酸甜开胃；芋头扣肉，寓意家肥屋润；浮皮萝卜酸，寓意"好孙（酸）好孙（酸）"……他们一直坚持诚信经营，精选最好的食材，做乡亲们和食客最想吃的菜。时至今日，人们还念念不忘香杏园酒家

经常在香杏园酒家饮早茶的“七长老”，后排从左到右依次为：黄兆熊、黄江、范沛、梁旭亨、黄柱和、颜伯光、李店

早市推出的那一碗排骨饭。当时每天仅卖50张饭票，只收三毛钱，许多村民早上5点就来排队抢票。20世纪80年代中期，能吃上一大碗热腾腾、香喷喷的排骨饭是多么奢侈的事情，它不仅填饱了村民们的胃，还温暖了乡亲们的心。

一个麦边村的村民感叹：“自己结婚的喜酒是在香杏园办的，儿子结婚的喜酒也在香杏园办，连孙子的满月酒还是在香杏园办的，香杏园见证了我的成长和整个家庭的繁衍发展。”香杏园真是一个有故事的地方。

随着广佛公路沿线百业兴旺，在麦边村的支持下，潘咏钊再租1334平方米的地实施扩张发展，从开始时的60席逐步扩大到230席的规模。至20世纪90年代后期，香杏园酒家先后开办起10多间分店，都是人们经常光顾的酒楼食肆，主要有：横江平安酒楼、黄岐金辉酒家、钟边超园酒楼、水头超园酒楼、松岗香杏园饭店、大莲塘香杏园饭店、丹灶稻香村酒楼、桂城稻香村酒楼、禅城香杏园酒楼、增城香杏园酒楼和花都杏花村酒楼等。潘咏钊事业有成之时，不忘公益事业，出钱出力，用水泥加固被船碰裂的平地大石桥桥墩。积极倡议成立“桥头龙舟会”，募集款项购买龙舟，筹办桥头锦龙盛会。他还带头发起集资，使麦边村成为平地率先接通自来水的村庄。

香杏园酒家第一代20多岁的服务员，现大部分都已退休了，但她们经常聚会，平时，只要潘老板有需要就会义不容辞马上赶来帮忙。她们经常回忆那个火

梁志强（中）父子与香杏园酒家服务员合影

红的年代，十分感恩潘老板的真诚待人和包容宽厚。

时移世易，发展变迁。由于城市更新和“三旧”改造的需要，平地香杏园酒家于2011年结业。但它的味道并没有消失，还在平地大石桥东边的桥头饭店香飘四溢，早市的那一碗排骨饭依然还在。经过三十多年的积淀，香杏园已不单作为一个酒家而存在，而是一种独特风味的萦绕，也是一种有酒有故事的记忆。

第八篇　桑梓情深厚　乡亲添福祉

绿叶总怀着对根深深的情意。平地的港澳同胞和海外乡亲，怀一颗爱心、感家乡忧乐，担道义之责、做公益之事，其高恩大德、仁风善举，必福泽绵长、百世流芳。

1 梦回思故里　心底爱家乡

20 世纪 50—70 年代，不少平地人到香港谋生。当时，由于政治和社会等各种因素的制约，粤港两地往返不易，旅港乡亲与故土平地联系甚少，在港又散居各处，大家都忙于生计，鲜有机会聚于一堂。

漂离故土，本已孤零，缺少亲情慰藉更是倍感失落。夜深人静，梦里依稀满地青翠，思乡之情萦绕心间、挥之不去。寻找寄托、安顿心灵，凝聚族人、守望相助，成为他们迫切的愿望。为此，20 世纪 50 年代便有热心的香港黄氏族人发起组建同乡会。然而，所

需财资非当时在港族人所能负担，提议只能一直搁置。

踏入70年代，筹建工作迎来了曙光。其时，适逢旅居新加坡的黄氏族人黄湘文来港，捐出1万港元以作购置会址之资，在港黄氏族人纷纷响应，慷慨解囊。结果，他们以6万港元购得九龙红磡机利士南路10号二楼前座一层约70平方米的单位，并向香港政府申请注册，成立“旅港南海平地黄氏同乡会有限公司”。1971年4月5日，旅港南海平地黄氏同乡会正式成立。自此，该会每年在香港举行春祭仪式，族人欢聚一堂，祭拜祖先、思念家乡，亲切问候、彼此关爱，心紧紧连在一起。亲人的每一点信息都令他们牵挂和惦记，家乡每一处日新月异的变化均让他们欣喜与自豪。

当时香港的《华侨日报》《工商晚报》等报刊中，曾登载同乡会的祭祖报道：“平地黄氏为岭南望族，旅港人甚众，该会为发扬‘忠孝廉节’祖训，每年均举行祭祖盛会，对社会公益事业亦贡献良多”。

2011年，因该楼宇需重建，经众族人商议，出售了原会址，将资金收入用于购置观塘开源道骆驼漆大

原香港九龙红磡机利士南路旅港南海平地黄氏同乡会会址

厦三楼与原会址面积相若的一个单位，作为旅港南海平地黄氏同乡会新会址，剩余款项则悉数纳入同乡会基金，以作长久活动之费用。骆驼漆大厦虽是一座普通的工厂大厦，却藏着旅港平地黄氏族人的精神家园。

这个办公室模样的会址，对于旅港平地黄氏族人而言，就是黄氏一族的“楼上祠堂”。黄氏列祖列宗的牌位供奉在神龛上，形制仿如家乡平地中心村的黄氏大宗祠。

原会址“楼上祠堂”

2014年，广东电视台《岭南屋语》节目将旅港南海平地黄氏同乡会会址称作“楼上祠堂”，给予了专题报道，一时之间声名远播。

记住乡愁，在心在意不在形。无论是红磡旧址还是观塘新址，虽然都没有故土平地中心村黄氏大宗祠的宏伟壮观，但平地黄氏的文脉，以及慎终追远的精神内核，却在楼上几十平方米的地方得到了传承延续。

故土难离，难离的不是身而是心。随着改革开放，阔别家乡多年的黄氏族人不忘桑梓之情，纷纷回乡探亲访友，并出钱出力、引资引智建设家乡。长期以来，旅港乡亲将造福桑梓视为天经地义的使命和责任，血浓于水的情谊更加深厚。

1985年，平地端午锦龙盛会成为同乡会组团回乡的“破冰之旅”。当时，平地邀请里水镇象岗村、广州市荔湾东塱村参加盛会。旅港南海平地黄氏同乡会理事长黄文基，以及理事黄天朗、黄亮祺等主要负责人首次组团回乡观光助兴，并在经济上给予大力支持，开启了改革开放后平地黄氏举办大型民俗文化活动的先河，也拉开了同乡会组团回乡参与民俗节庆活动的

2019 年清明节在香港“楼上祠堂”祭祖

2019 年清明节，旅港南海平地黄氏同乡会在香港酒楼举行思亲晚宴

序幕。

1992 年农历六月十九，随着平地观音古庙重建落成，同乡会与本地乡亲首次以“平地烟花晚会”的形式，恢复举办了富有历史传统的观音诞庆典活动。自此，每逢农历六月十九，他们呼朋唤友，与各方嘉宾和兄弟村落共聚一堂，齐贺观音宝诞。

2005 年，同乡会发起恢复黄氏冬祭。其后，他们每年组团回乡，与平地宗亲一起穿着整齐的礼服，祭拜祖先，传承孝德，成为省港澳的一段佳话。他们还捐资办学校、建戏台、修祠堂、编族谱、铺道路、装街灯。可以说，平地公共事业的建设和发展、民俗文化的传承与弘扬，都离不开同乡会的鼎力支持。同乡会不仅传承了文化，更创造了历史。

❷ 寻根龙游县　礼仪尚往来

平地中心村黄氏大宗祠有一个后花园，里面种满花木，郁郁葱葱。在众多植物中，两株“龙游桂花”与两棵“龙游柏树”尤为特别。不是因为它们有多名贵，而是因为它们对于平地黄氏有深远的意义——栽种它们的土壤，是来自千里之外浙江省龙游县的一抔土。

平地黄氏始祖德政公黄适中，是浙江衢州龙游县人。黄氏二世祖寒江钓叟公九韶奉母携妻带子到平地开基散叶，后有不少族人到香港定居，他们以同乡会为轴心，凝聚生活在他乡的族人。改革开放后，粤港恢复了正常交往，不少旅港黄氏族人常回家乡。在省、市、县侨房政策的关怀下，他们在平地村委会专门划批的一片土地上陆续兴建了房子，并名为“龙游新村”，以纪念祖籍。

族谱中关于龙游县的记载一直让黄氏族人魂牵梦萦，他们希望能亲身探访那个遥远的始祖故乡，追寻所有关于德政公的事迹和印记。

1991 年 9 月，黄惠祖、黄炳权、黄麟全、黄集梁、黄润溪 5 位同乡会族人第一次远赴浙江龙游寻根。此次寻根之旅，让平地黄氏与龙游当地政府建立了联系。1994 年冬天，同乡会再度组织 5 人小组赴龙游县寻根。受到平地中心村黄氏大宗祠中堂木匾“衢阳衍派”启示，经当地文史专业人士指引，他们来到了衢江之北的张家埠，认为族谱记载的黄氏祖居锦衣里可能就在这方地域之中。他们还在明万历与清康熙《龙游县志》中找到德政公中进士的记录，内容与《南海平地黄氏族谱》所记相符。因此，平地黄氏确信本族的源头便在浙江龙游。后来，黄庆威在《四库全书》查得，黄适中于南宋绍兴十八年（1148）中进

1993 年，龙游县县长戴峻（前排左四）带队造访平地

士，籍贯为衢州龙游县立德乡衣锦里。历经近千年的世事变迁，黄氏族谱上的锦衣里虽与史料上的衣锦里稍异，但张家埠村仍存古朴的衣锦桥，史料与现实如此高度吻合，让黄氏族人在内心上进一步增强了认同感。

经过两度探访交往，平地与龙游两地的友谊亦因此建立。1993 年 5 月 21 日，龙游县县长戴峻带队造访平地。1995 年 7 月 13 日，龙游县统战部部长又到香港拜访旅港南海平地黄氏同乡会，真是礼尚往来，情谊殷殷。

2007 年，同乡会与家乡族人第三次到龙游寻根。乡人往返机票由旅港乡亲黄泳镳热心赞助，这次他们带回一抔故乡土，以及张家埠村赠送的龙游桂花、龙游柏树，栽种于平地中心村黄氏大宗祠后花园以永远怀念始祖故乡。

2013 年 5 月 25 日，平地黄氏又启寻根之旅。此次还有广东电视台《岭南屋语》摄制组随行。一行人重走和探寻了平地黄氏祖先从浙江龙游至江西南安，又

2013 年，黄氏寻根团与南雄彭氏族老查阅彭氏族谱

辗转广东南雄珠玑巷，再迁往南海平地落籍开村之历史足迹。

在江西大余县（即从前南安府），他们查阅了《大余县志》，未能从中发现德政公任职的史料记录，而始祖与江氏太婆的合葬墓地金莲山，大部分已开发为商住用地，仅存的一部分亦被建为公园。他们只好在公园祭拜始祖德政公和江氏太婆，带着些许遗憾结束了南安的寻根之行。

5 月 27 日，他们离开南安继续北上，夜宿衢州。5 月 28 日抵达龙游，他们探访了张家埠村，向当地小学赠送了图书和纪念品，同时在当地进行了取故乡土仪式，并考察了附近古迹“衣锦桥”。

此次寻根之旅，被《岭南屋语》摄制组全程记录下来，题为“祖居的召唤”。在影片的末尾，落日余晖追逐着归途，平地黄氏的老人们手捧故乡热土，神情怡然。

这里每一幅风光人情，每一声侬语乡音，每一股清风草香，切切实实让这场迟到几百年的相认，得以如此真实地存在。他们踏上回程之路，回到千里之外的岭南，从这些老人欢欣的笑容来看，或许，那才是一种回家的心情。

八百多年的沧桑巨变，琼楼玉宇也会被时间销蚀湮灭，颠沛流离也会让记忆变得不再可靠。纵然龙游

2013 年，黄氏寻根团在龙游故乡取土

2013 年，黄氏族人与广东电视台《岭南屋语》摄制组考察龙游县衣锦桥

2015 年 10 月，旅港南海平地黄氏同乡会向龙游县统战部赠送牌匾

故里已无一砖一瓦，文献资料也未必全然对应吻合，但黄氏族人一次次寻根，却是心灵上最虔诚最踏实的“朝圣”。

乡之所以为乡，不因其地，只因其人。心中的“根”在，乡就在，情也在。

3 春祭聚乡情　和谐传佳话

在南海区里水镇河村月池（又称“月姑池”）一块小山冈上，坐落着平地黄氏始祖德政公及原配夫人江氏的衣冠冢，还安葬了继室彭氏及二至七世祖，历宋、元、明、清至今，已有八百多年历史。

民国时期，平地中心村黄氏已成一方望族。每逢春祭，他们不走陆路，而是组织数十艘大小船只载着族人从水路开往里水，再上岸行至河村月姑池祭拜扫墓。中华人民共和国成立后，平地黄氏清明集体祭祖活动一度停息，始祖墓亦因风雨摧残，年久失修，古墓现存黄氏二世祖、四世祖及后土之神三块石碑。1971 年，新成立的旅港南海平地黄氏同乡会，在香港的“楼上祠堂”聚集宗亲延续了春祭仪式。

改革开放后，旅港乡亲终于能与本村族人一同清明祭祖。自 2004 年始，两地族人约定俗成，每年清明先到香港祭祖，其后择日再到河村祭扫始祖墓。

春祭也成为黄氏族人共商族务、建设家乡的重要活动。2009 年，他们借春祭之机，港、乡两地发动募捐，筹建平地大戏台。2010 年，他们又倡议族人捐款，重修了药轩黄公祠。2011 年，他们重新打造缺失墓碑、修整墓地。2019 年，族人加大投入，种植花草树木，改善和美化祖墓周边环境，初步建成了公园式的墓园。

如今，每逢春祭，平地黄氏数百子孙，纷纷乘车前往河村月池黄氏祖墓祭拜。清明春祭，已成为平地黄氏族人追远思亲的重要仪式。

相传，南宋时期，平地黄氏祖先在堪舆先生指引下，选择里水河村一处名为“月姑池”的地方作为墓地。这片背北朝南的小岗地，是一处“风水宝地”。

2019年，黄理（前排中）参加平地宗亲清明祭祖

位于里水镇河村的平地中心村黄氏公园式墓园

从此经月姑池向东南方向望去，正是里水“水口”位置，江水汇聚，视野开阔。至元代，月姑池墓地已下葬了黄氏从宋代以来的七代祖先。其后黄氏子孙昌盛，成一望族，历代有科举及第，在朝为官，声名显赫。

既是风水宝地，月姑池附近自然有人开村定居。河村当地就有吴氏一族，在月姑池黄氏祖墓前面修建了吴氏世祠。久而久之，吴、黄两族产生了争议。当时官司状词里一句“祠堂在前山在后”引出了不同解读。一方从地理位置出发，认为“祠堂在前山在后”仅表达了二者的位置前后，并不涉及修建的时间先后。另一方则从时间角度争辩，认为祠堂修建在先。时间可淡忘一切，“祠堂在前山在后”的故事已成一则不可考究的传说。

2012年，“月池黄氏家族墓”（宋元古墓葬）和月池“吴氏世祠”（明古建筑）均被列入南海区不可移动文物名录以示保护。2016年，为传承历史文化，共创和谐氛围，河村月池吴氏、平地黄氏进行了友好交往，欣然化解了传说中的往事争议。此后，吴氏族

里水镇河村吴氏世祠（吴氏宗祠）

里水镇河村月池

人伸出友谊之手，为黄氏祖墓之修复、保护给予了支持协助。平地黄氏亦借吴氏清明期间祭祖之机，诚意礼拜吴氏世祠，进一步联络感情，增进友谊。

2016 年农历六月十九，河村社区月池村及吴氏族人首次应平地黄氏之邀参加观音诞庆典，并于当年冬至莅临黄氏冬祭观礼。同年 12 月 31 日，平地黄氏亦应月池村之邀，参加其村庆晚宴欢聚。此后，双方礼尚往来，缔结了深厚情谊。

如今，平地黄氏、河村月池吴氏两族皆敦亲睦邻，繁荣昌盛，共谱新的和谐篇章。

4 仁风多善举　功德永流传

翻开《南海平地黄氏族谱》，黄氏历代祖先敬宗睦族、兴学修路、赠医赈荒的事迹皆详细收录。时至今日，黄氏族人承前启后，福泽惠民。

旅港南海平地黄氏同乡会是建设家乡平地的一股重要力量。他们虽然身处异乡，但始终心系桑梓。内地计划经济时代，他们节衣缩食，寄钱寄物接济家乡亲人，以解物资匮乏之困。改革开放后，他们跨过罗湖桥，用大包小包带回食品、药品、衣物、手表、照相机、电视机和录音机等物品，让家乡亲人过上了好日子。随后，他们回乡办厂、振兴经济，热心公益、捐资助学，铺设道路、安装街灯，重修古建、复兴文化，为家乡经济社会发展不遗余力。

旅港南海平地黄氏同乡会黄理、黄文基和黄智基历任会长，都拥有一颗赤诚之心。他们将“里有仁风”的优良传统带到香港，在同乡会中发扬光大，同时带头对家乡平地乐善好施，甘于奉献。

黄理先生（1921—2019），旅港南海平地黄氏同乡会会长。他爱国爱港爱家乡，德高望重、率先垂范，被黄氏族人尊称为“族长”；他为人豪爽、慷慨仗义，被众人亲切地称为“三叔”。黄氏一族的文化复兴，家乡平地的建设发展，都有他卓越的贡献，堪称“首善之人”。20 世纪 80 年代初，他率先回平地开办冠华鞋厂，掀起了旅港乡亲投资建设家乡的热潮，成为开风气之先的引领者。

德高望重的黄理先生

黄理先生还是一名慈善家，多次发动筹款，推动平地公益事业发展。1987 年，黄理带头捐资重建教育大楼，并以黄氏始祖“德政”之名冠名。1990 年，他捐建教师宿舍“麦淑贞纪念楼”。此后，又不断推动平地小学校舍改造和教学设备配套更新，同时他还积极支持盐步三中建设。黄理始终把推动优秀传统文化的复兴传承摆在首位。自 1991 年起，他多次发动族人到浙江龙游寻根问祖，支持重修《南海平地黄氏族谱》，牵头筹款重修平地中心村黄氏大宗祠、药轩黄公祠和河村月池始祖墓地，重建平地观音古庙等古建筑。他倡议和推动同乡会宗亲回乡与黄氏族人恢复清明祭祖、平地端午锦龙盛会、农历六月十九观音诞庆典以及黄氏冬祭等传统文化活动。

言为士则，行为世范。黄理数十载对家乡无私奉献，已在平地当代发展史上留下浓重笔墨，他以身体力行诠释了传统文化中士绅乡贤心系一方的价值观，其功德业绩可与族中祖先贤达比肩。

黄文基先生，旅港南海平地黄氏同乡会理事长、历任会长，旅港南海盐步同乡联谊会副会长。1985

年，年仅33岁的黄文基就担任旅港南海平地黄氏同乡会理事长。作为一名土生土长的香港人，他一开始接手同乡会事务时，曾感到一脸茫然，平地只是父老兄弟们口中的家乡，对自己而言还是相当陌生的存在。1985年农历五月初二，平地举行锦龙盛会，黄文基第一次回到家乡，真切感受到乡亲的盛情，而父亲黄庆象一句"既然做了，就要做好"的嘱咐，更点燃起他参与乡务的热情。自此之后，黄文基十分关切家乡发展。一方面他捐助盐步医院医疗器械，捐修平地小学，支持复兴平地传统文化，30多年慷慨解囊，更从未缺席过清明祭祖、观音诞庆典、冬祭等重大活动。另一方面，他热情、好客、有礼，思维活跃，在旅港南海平地黄氏同乡会、旅港南海盐步同乡联谊会及平地大小聚会中担任主持，活跃气氛，一展歌喉，人称"金牌

黄文基先生

2019 年 2 月 23 日，黄文基（右一）主持大沥镇三会（大沥、盐步、黄岐）联合春茗暨旅港南海盐步同乡联谊会第七届董事就职典礼

司仪”“南海歌王”。

年过而立参与族务，从“香港仔”到“香港佬”，黄文基在同乡会已经服务宗族与家乡 30 多年。情感归属、血脉情深，他在香港出生，却能顺利融入家乡平地，支持家乡建设，殊为难得。他始终牢记平地黄氏族老、祖父黄月根的格言——“好酒饮杯，世界做完空手去；锦衣穿件，转轮还是赤身来”。纵然在异乡生长，黄文基却赓续和弘扬了平地黄氏的优良传统与奉献家乡的精神，确实值得称赞。

黄智基先生，旅港南海平地黄氏同乡会现任会长、旅港南海盐步同乡联谊会现任会长，佛山市南海区政协委员。他在平地小学、盐步中学度过了孩提与少年时代，后去南海丹灶下乡务农。1972 年，黄智基到达香港。到港第二天，他随父亲到同乡会“楼上祠堂”祭拜上香。身虽离乡，心系故里，成为他到港后上的第一课。此后，在香港打拼发展之余，黄智基积极参与同乡会事务，大力支持家乡平地的发展。他曾发自内心地说："参与同乡会事务主要是受到父亲黄业增的影响，父亲挚爱同乡会，我经常看到他废寝忘食、不眠不休地独力编撰第八辑黄氏族谱，印象非常深刻，并令我十分敬佩，我希望自己也像他一样能为同乡会尽一分绵力。"

黄智基先生

1992 年，黄智基回平地创办辉雅塑胶厂，并主动参与和积极支持平地小学扩建、平地中心村黄氏大宗祠重修、平地观音古庙重建、黄氏家族古墓维修、黄氏族谱编撰等事务。2001 年，他接棒黄文基继任同乡会理事长，大力促成恢复平地冬祭和观音诞巡游等活动，带领族人多次赴浙江龙游寻根，牵头和推动了北溪公园的建设。

2016 年，黄灿威接任旅港南海平地黄氏同乡会理事长，黄智基履任旅港南海盐步同乡联谊会会长，他出钱出力，主持重修了盐步五显祖庙（华光庙），将

奔走于粤港两地的黄智基先生

五显祖庙所得善款捐赠给盐步中心小学、盐步医院、盐步敬老院和大沥敬老院，为推动地方慈善公益事业发展立下了汗马功劳。黄智基一直传承弘扬着平地黄氏“接人以敬，里有仁风”的优良传统，为人谦厚、处事稳健，顾全大局、务实进取。他紧密团结旅港乡亲，以身作则，惠及乡邻，为平地、盐步乃至南海的发展奔走于台前幕后，其至真至情、尽心尽力的仁风善举，深得社会各界人士的充分肯定和高度赞誉。

与此同时，热心族务、关心家乡的还有黄湘钊、黄植勋、黄灿威，以及李丽甜、周钻卿和刘丽娥等众多乡贤，他们出钱出力、无私奉献，很值得人们敬重和称赞。

后 记

平地，南粤大地一个文明古村落。它拥有深厚的人文底蕴，是珠三角众多乡村历史中的一朵奇葩。

800多个春秋变迁，平地从农耕文明迈向工业文明和现代文明，留下了丰厚的历史文化积淀。自筚路蓝缕的开基至落地生根的繁衍，从手工作坊的劳作到工商产业的发展，那烟火气味的飘香带来民情风俗的淳朴，而崇文重教的传承伴随着积德行善的爱心，许多俊贤人杰的风雅衬托出龙狮文化的勃兴。一幅幅斑斓的画卷，充满生动的气息。

这里的祠堂、古井、镬耳屋、石板路和大石桥，留下了岁月深深的印记；这里人文荟萃、英才辈出，演绎过许多跌宕起伏的故事。我们有责任尽一点绵力将那些散碎的“珠宝”串缀成链、重耀光华，让优秀历史文化成为集体记忆，传之于世、启迪后人，这是我们编撰出版《平地印记》的朴素初心和根本动力。

四年时光，心路漫漫。我们翻村志、查族谱，找线索、勘现场，尤其是通过大量的访谈和问询，搜集了难得的素材，力图探寻该村的源流与根脉，解读其心律和肌理，呈现它独特的魅力和韵味。尽管纷繁复杂、曲折艰难，但我们心诚志坚、笃定前行，对每一篇文稿都反复修改、核实、完善和提升，对每一张图片都精心拍摄、好中选优。一方面让内容与形式有机融合、相得益彰；另一方面又追求图文并茂，尽量给人清新亮丽的印象。总之，就是要尽心尽力、精益求精，编撰出接地气、带露珠的乡村文化鲜活样本。四年的艰辛历程，凝聚了编撰、摄影和配图人员的大量心血和汗水，唯有足够的热爱可将那酸甜苦辣化作精神的滋养和内驱的动力。值得欣喜的是，我们在查史料和采写过程中，深切体会到历史的纵深与宏阔，聆听了一个个感人的事例，领悟了做人立身处世的道理，有幸收获了许多蕴含真善美的宝贵文化财富。

大道不孤，金石为开。《平地印记》的诞生，是天时地利人和的产物，也是社会各界共同努力的结果。在此，谨向为该书倾情付出的陈益春、黄冠勋、黄汉威、黄庆威和黄翠英等老前辈致以崇高的敬礼！衷心感谢旅港南海平地黄氏同乡会黄智基、黄文基、黄灿威等乡贤的鼎力支持，尤其是黄柏雄的欣然题书和黄栢泳的精心治印；感谢华南理工大学出版社卢家明、周莉华、吴俊卿、蔡亚兰、黄华超等专家和编辑的悉心指导；感谢黄庆添、刘文利、李军然、吴重庆、张慧鹏、谢晓云、马林兵、戴咏儒、魏建科等各界人士的鼓励和帮助；感谢黎盛堂、李惠敏、王俊杰、庄晓寒、许德航、黄静文、温文凯等年轻人的志愿服务和无私奉献，顺祝他们前程锦绣。

诚然，世事总难完美。由于各种因素的局限和才学精力之不足，该书难免出现疏漏，其不足之处，敬请读者批评指正，并提供相关资料和图片给平地社区居委会，以便日后进一步修订。

历史文化是一个地方的根脉、品格和灵魂，是一方百姓守望精神家园的传承基因，自有其鲜明的个性气质和与众不同的特点。它为人们提供鉴往知来的有益启示，并催生不负韶华、奋发有为的不竭动力。

我们相信，历史文化将一直激励着人们守正创新、逐梦前行！

《平地印记》主编

2020年金秋